ゼロレシピ

EMOKO

新泉社

はじめに
「ゼロレシピ」って何？

　世の中、「ゼロ」が流行っています。

　某民放のニュース番組は『news zero』、大流行したエクサ
サイズは『ゼロトレ』。私も本を買って試しました！　気持ちよ
かったです。

　そして、この本は『ゼロレシピ』。決して、パクったわけでは
ありません（笑)。しかし、このレシピをわかりやすく伝えるに
はどうしたらいいかと考え抜いた結果、「ゼロレシピ」が一番わ
かりやすいという結論に至りました。

　なぜなら、このレシピは、

・経験ゼロでもできる

・体力ゼロでもできる

・買い物ストレス、ゼロでできる

・手間ゼロ(ほぼゼロ)でできる

　ゼロゼロゼロゼロ尽くしだったからです。つまり、「料理経験
がなくても、疲れていても、スーパーに買い物に行かずに、超
簡単にできるレシピ」なのです!!　そしておいしいのです。

　実際に、料理経験ゼロだった私が、外出できないほど体調を

くずしたときに、作りはじめ、自分を元気にしていった、高栄養でもあり、誰でもできておいしい料理です!

　皆さん、疲れていますよね。朝食抜きでバタバタ。昼は仕事しながら何かつまむだけ。夜遅く帰ってきたら、疲れて料理をする元気もない…そんなふうに、きちんと食べていない生活をしていると、今、特に、若い女性ではミネラルなどの「栄養素不足」の人が多いのです。例えば、最近の日本人の一日の平均摂取カロリーは、終戦直後の1946年よりも低くなってしまっているというデータも…。

　じつは、私もそうでした。自分の体の健康を顧みずに10年くらい仕事や趣味に没頭した結果、「栄養素不足」からくる副腎疲労症候群になり、甲状腺の機能も低下してしまいました。
　仕事自体は好きですし楽しかったのですが、時間をかけました…(笑)。そしてラッシュ通勤も自分にとってはストレスでした。器用な人はいろいろできるかもしれませんが、私は、しっかり作る時間がなかったり、料理はできないと思い込んでいたので欠食したり、外食に頼って突っ走ってきました。休日は寝だめして、すぐ趣味へ外出。周りの人の助言も聞かず、食事は二の次。
　その結果、気力はあっても、疲れて体が動かない状態になっ

てしまいました。家の中をごそごそ動くのが精いっぱいでした。

　そこで、「栄養のあるものを食べる」ことが治療の一環となったわけですが、料理経験ゼロ、体力ゼロです。外に買い物にも行けない。手間もなるべくゼロにしたい。そうやっても、工夫すると、料理はできたのです。

　もちろん通院や周りのサポートのかいもありますが、それらを食べて私は元気になっていきました。栄養に興味もわいて、野菜ソムリエの資格も取得し、研究しました。

　皆さんには、倒れてほしくありません。
「経験ゼロでも、体力ゼロでも、買い物ストレスゼロで、手間ほぼゼロでできる」
　このゼロレシピを試していただいて、忙しい皆さんの健康に少しでもお役に立てば幸いです。
　また、2020年夏現在、外出は減っても、家で自分で作るのはむずかしい、と食事に不安を感じている方もいらっしゃるのではないでしょうか。「家で初めて作ることになったけれど、何からしたらいいかわからない」、「とにかく簡単で健康に作りたい」という方々、料理超初心者さんのはじめの一歩としても、本書が参考になれば幸いです。

ゼロレシピの特徴

料理経験がゼロでも、わかりやすいように、なるべく丁寧に書いています♪
「ゆで卵の作り方」「トマトの切り方」なども書いています。
体力ゼロのときの「面倒くさい」という気持ちに素直にしたがって、
「健康的なラク」をオリジナルに実現しています!

おしゃれすぎるトッピングや食器で盛らずに(笑)、等身大です。

必要な調理手順をひと目で確認! レンジのみ・トースターのみ・切るだけの料理もたくさんあります。

わかりやすい手順写真つき! 野菜の切り方も。

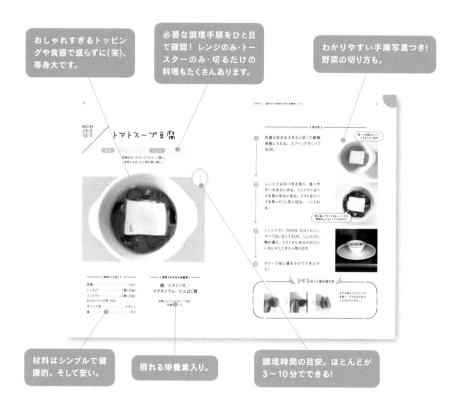

材料はシンプルで健康的。そして安い。

摂れる栄養素入り。

調理時間の目安。ほとんどが3〜10分でできる!

注意事項

● 本書により健康の増進をお約束するものではありません。
● アレルギーなどはご自身で確認してください。

材料表について

● 小さじ1は5ml、大さじ1は15mlです。軽量スプーンがなければ、小さじ1はティースプーン約1杯、大さじ1はカレースプーン約1杯分です。
● 「適量」とは「お好きな量」です。
● 塩などの調味料の分量は「少々」とし

ていることが多いです。体調やお好みで加減してください。最初は少なめに入れ、後から加えれば濃くなりすぎません(逆はけっこう大変です)。

電子レンジ・トースターについて

● レシピではレンジは500Wのものを使用しています。600Wの場合は、レシピでの分数より少なめにしてください(目安時間は×0.8)。
● 加熱時間は目安です。分数は、材料の大きさなどにもよって変わってきます

ので、調理中はレンジ・トースターから目を離さず様子を見て、判断してください。
● レンジ・トースターは取り扱い説明書にしたがってください。
● 火花や異音などがしたら中止してください。
● ミニトマト、ウィンナーをレンジで加熱するときは、切るか、フォークなどで空気穴をあけましょう。
● 「耐熱容器」は、電子レンジで使える食器です。木製のお椀や金のついたものなどは避けましょう。

CONTENTS

03　　はじめに「ゼロレシピ」って何?

PART 1　栄養の話とゼロレシピ3つのコツ

12　　栄養のちょっと基本のおはなし

16　　ゼロレシピ流あまり世の中に出ていない3つのコツ

17　　POINT1「無理にスーパーには買い物に行かない。」

19　　POINT2「ストックする材料は10種類。」

24　　POINT3「味つけは基本、オリーブ油と塩。」

\超初心者さん、/
\いらっしゃい!/

PART 2　基本の10食材で作れる簡単レシピ

26　　トマトスープ豆腐（3分）

28　　しいたけとあったか豆腐（3分）

30　　クリエイティブ豆腐（3分）

31　　薫る卵豆腐（3分）

32　　スウィーティー焼き野菜マリネ（7分）

34　　ピーマンの楽すぎツナ詰め（12分）

36　　しいたけマヨUFO焼き（12分）

38　　ネバネバ卵焼き（5分）

40　　おいしさ大渋滞スクランブルエッグ（5分）

42　　卵料理いろいろ
　　　トマタマヨ爽やか炒め／たまごフィリング／ゆで卵／ゆで卵カプレーゼ風

44　　超基本! オリジナル10パスタ（10分）

46　　ホワイトナポリタン目玉焼きのせ（12分）

48　　ココナッツオイルのトロピカルパスタ（10分）

50　　なっとまパスタ（10分）

52　材料これだけ奇跡のピラフ（7分）

54　野菜を食べる超スピードカレー（13分）

レパートリー
ぐっと広がる！

PART 3　食材を足して踏み込むレシピ

58　おすすめのプラス食材11

62　あると健康によいものたち

64　超パワフルサラダ（3分）

66　組み合わせ無限大♡ サラダのバリエーション

68　ナトリウム・キュウリ（3分）

70　モテうま♪ 野菜スティック（5分）

72　鼻歌バンバンジー（3分）

74　心ほぐれる具だくさんみそ汁（7分）

76　朝ごはん緊急用！30秒みそ汁（30秒）

78　キザなピザ豆腐（3分）

80　クリエイティブ豆腐 パート2（2分）

81　クリエイティブ豆腐 無限大!（3分）

82　ラ・パレット・オムレツ（5分）

84　簡単! ラタトゥイユ風（5分）

86　温野菜の彼女グラタン（5分）

88　レンジだけでできる癒しドリア（6分）

90　豆腐の甘辛パワフル炒め（10分）

92　とろける納豆アボカド丼（5分）

94　納豆しらすパワー丼（2分）

96　ビタミンE! 美肌の味方パスタ（12分）

98　優しさに包まれるキムチチャーハン（5分）

100　ふんわり卵キムチチャーハン（3分）

101　3分で卵キムチ丼（3分）

102　みんな大好き恋のオムライス（7分）

104　世界一ウマいたらこパスタ（10分）

106　簡単! のせるだけ納豆キムチパスタ（10分）

108　ラッキーアイテム「サラダフィッシュ」を使おう!

109　バジル味サラダフィッシュでしっかりパスタ♪

110　サラダフィッシュのエスニックピラフ

111　みんながHappy♪　アボサーモンサラダ

112　焼くだけで本気のおかず♪① サーモンオリーブ焼き

113　焼くだけで本気のおかず♪② サバチーズ焼き

休日くらいは、おやつも、やさしく。

PART 4　体にやさしいおやつ＆朝食のすすめ

116　おとぎ話のフレンチトースト（5分）

118　おうちで焼きいも（20分）

119　ヨーグルトはちみつプルーンのせ（1分）

120　バナナのパンプディング風（3分）

121　ウフ♪ 卵のオートミール（3分）

122　ミルク（豆乳）はちみつ（1分）

123　レンジでチン♡ ホットドリンク

　　　豆乳バナナケーキドリンク／ミルクチーズドリンク／とろーり♪ ホットチョコバナナ

124　最強そのまんまスイーツ。（0分）

67　COLUMN1　下ごしらえのいる、いらない野菜＆果物

77　COLUMN2　忙しい人の食器洗いについて

95　COLUMN3　もっと便利に! おすすめアイテム紹介

126　COLUMN4　「あ〜疲れた!」のときに。「食前食」のすすめ。

10,56,114　忙し女子あるある川柳

127　おわりに

忙し女子あるある川柳
「夏休み　片付けるために　あるのかな」

毎日忙しくしていたら、いつの間にか荷物がたまりまくり。
土日だけではどうしようもないよねこの塊。
結局まとまった休み、夏休みか正月休みとかで
片付けるしかないわけ〜!?
みんなに「夏休みどこ行くの?」って言われるのがしんどい(笑)。
とりあえず休み明けは、物産展で買った
お菓子を職場に持って行くことにするか (筆者実話)。

でも休みを片付けのために使ってもいいし、
とにかく寝ていてもいいし、
夏休みにどこも行かなくても気後れすることはないんです!
みんなのペースでやって!　とだけ言いたいです(笑)。

PART

栄養の話と
ゼロレシピ
3つのコツ

まずはちょっと読んでみて。

栄養のちょっと
基本のおはなし

「はじめに」で、私が「栄養素不足」のような状態だった、
と書きましたが、そもそも栄養素って何？ そんなに大事なの？
ということをざっと以下に書きました。
結論としては「大事です、バランスよく食べましょう」ということなのですが、
興味のある方はさっと読んでみてください。

［ 栄養「素」が足りないということ ］

　栄養素とは、人の体の組織を構成する、なくてはならないものです。次の「三大栄養素」は聞いたことがあると思います。これらは特に重要なものと位置づけられています。

「炭水化物」・・・米、パン、麺など
「たんぱく質」・・・肉、魚、卵、大豆製品など
「脂質」・・・油など

　しかし、これだけでは体は動かず、「ビタミン」と「ミネラル」が必要です。どちらも、体の機能を円滑にしたり、体の維持調整に欠かせないものです。
　「ビタミン」「ミネラル」にはたくさんの種類があり（よく知られ

ているところでいえば「ビタミンC」「カルシウム」など）、それら
を多く含む野菜、果物なども積極的に摂って、栄養素を体に
入れていく必要があります。

　最近多い「栄養素不足」は、きちんとした食事をしていないこ
とが原因で、特に「ビタミン」や「ミネラル」のさまざまな種類の
ものが不足している状態が多いです。パンや甘いコーヒー、お
菓子などの摂取が多く、炭水化物や脂質は多いけれど、たんぱ
く質・ビタミン・ミネラルは不足しがちなのが特に最近多い傾向
と思われます（私もそうでした）。

　また、極端に炭水化物や脂質を抜くダイエットもありますね。
これもバランスがよいとはいえないでしょう。

　ビタミン、ミネラルの種類と主な働きをざっと表にまとめてい
ますが（15ページ参照）、覚える必要はありません（笑）。ざっ
と見ていただいたので構いません。とにかく、ビタミンもミネラ
ルも、体の細かな機能を担っていて、欠けると、体のバランス
がくずれてしまうということです。

　ビタミンやミネラルを含むものが多い野菜は一日に350g、
果物は200g摂取するとよいとされています（いも・きのこ類
は除く）。忙しい人々がこれをこなすのは結構むずかしいと思
います…。実際、20代の人々の一日あたりの平均摂取量は、
野菜250g・果物50gくらいです(2018年)。

　でも、食堂ではサラダバーを利用するとか、スムージーを飲んでみるとか、ちょっと意識を変えるだけで摂取UPにつながります（野菜ジュースは一度加熱しているものは栄養は生で摂るよりは少なくなっているものもありますが、残っているものもあります）。

　もちろん、炭水化物や脂質も。欠けていい栄養はないのです。米や麦、油などの中にもビタミン、ミネラルも含まれています。

　また、体を維持するため（血液、筋肉、骨、毛髪、皮膚など）に必要な一日の推奨たんぱく質量は、成人男性60g、成人女性50gです。これは、野菜と違い、肉や魚そのものの重さではなくて、食べ物に含まれる「含有量」です。筋肉を増やしたい人などはもっと多くなります。

　例えば、卵1個は重さ約50gですが、そこに含まれるたんぱく質量は約6〜7g。木綿豆腐半丁はたんぱく質量約10gです。近年、偏ったダイエット志向などで、若い人の摂取たんぱく質量が減ってきているのは事実です。不足すると貧血などさまざまに支障が出やすくなります。

　いろんな食材をバランスよく食べて、栄養素をしっかり摂っていきたいですね。

とてもざっくり

［ ビタミンとミネラルの種類と主な働き ］

知らないうちに、体のいろいろな調整をしてくれているよ!

ビタミン

ビタミンA　特に目に働く

ビタミンD　骨をつくるのを助ける

ビタミンE　抗酸化作用、粘膜を正常にする

ビタミンK　血液の凝固、骨をつくるのを助ける

ビタミンB1　ビタミンB2　ナイアシン　ビタミンB6
ビタミンB12　パントテン酸　ビオチン
エネルギー・糖質・脂質・アミノ酸などさまざまな代謝に関与する。
不足すると口内炎、貧血など

葉 酸　細胞分裂、成長、妊娠の維持など

ビタミンC　抗酸化作用、コラーゲンの生成など

ミネラル　MINERAL

カルシウム　リン　マグネシウム　マンガン
骨や歯の成分になったり、つくるのを助ける

鉄　赤血球中のヘモグロビンの成分。
不足すると鉄欠乏性貧血、疲れやすいなど

銅　骨形成に関わり、鉄の利用を高める。不足すると貧血など

ナトリウム　カリウム
pH、浸透圧の維持、筋肉の収縮など。不足すると疲れやすいなど

ヨウ素　甲状腺ホルモンの成分になる

亜 鉛　インスリンの成分、たんぱく質合成に関わる
不足すると味覚障害など

クロム　モリブデン　糖質代謝や脂質代謝に関わる

セレン　ビタミンEの補助、抗酸化作用

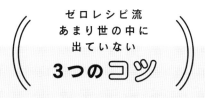

ゼロレシピ流
あまり世の中に
出ていない
3つのコツ

POINT
1

無理にスーパーには買い物に行かない。

POINT
2

ストックする材料は10種類。

POINT
3

味つけは基本、オリーブ油と塩。

無理にスーパーには
買い物に行かない。

～忙しい人たちよ、材料はこうやって手に入れよう！～

　驚きましたか？　でも、遅くまで仕事をしているとスーパーは閉まっていたり、遠くて行く気力がなかったり、買い物をすれば帰り道が重いし、休日は休んでいたい、まとめ買いに行きたくない、と思いませんか？　広すぎるスーパーもそれだけで疲れます。その気持ちに正直でいいんです。材料は揃います。

　「近くのコンビニ」「野菜も売っているちょっと大きめのコンビニ(ローソン100など)」「アマゾンプライムナウ」「ネットスーパー」を徹底的に利用して、家への帰り道に短時間で近所で買う、好きな時間に家までお届けしてもらうようにしちゃいましょう。これだけで、「買い物」というストレスとエネルギーから解放されます。

　実際、この本のレシピでは、それだけで揃う材料で作るようにしています。
　「コンビニ」「ネットスーパー」といっても、お惣菜やお弁当をそのまま買うのではありません。「健康的な材料」を買うのです。

コンビニの中も、よく見てみると、豆腐や納豆、チーズなど、健康的な「素材」は売っているのです。

その「素材」を集めて、健康料理を簡単に作るのです。

そしてコンビニで足りないもの、重いものはネットで買い物がおすすめです。

［ 食品が買える！ おすすめサイト ］

☆ アマゾンプライムナウ

注文して1～2時間で配送される速いサービスです。以前は配達区域も多かったのですが、今は東京の一部のみとなっています。当てはまる地域の方はぜひ使ってみてください。便利です。アマゾンという名前からは想像しにくいかもしれませんが、野菜1個から売っています。

https://www.amazon.co.jp/b?ie=UTF8&node=5373515051

☆ イトーヨーカドーのネットスーパー

配送地域は広いです（各県の市は含まれていることが多いです）。注文履歴があると、そこからの再注文がラク。

https://www.iy-net.jp/nspc/info/delivarea.do

☆ 楽天西友

中核都市が多いです。

https://sm.rakuten.co.jp/promotion/area.html?l-id=_footer_area

☆ ロハコ

オリジナルの体にやさしい商品もあり。

https://lohaco.jp/

MCTオイルなどの健康食材は、「アマゾン」や「楽天」本体の通販で揃うことが多いです

POINT

2 ストックする 材料は10種類。

~ かんたん・おいしい・安い・健康・どこにでもある ~

　健康的で安い食材を10種類ストックしておけば、まずは高栄養でおいしい料理ができてしまいます。バリエーションとして、プラスαの食材は増やしていけばOK。

　コンビニ、ネットなどで、身近で簡単に手に入るものばかり。そして、超初心者にも扱いやすい食材を使います。

　初心者には扱い・調理がむずかしかったり、コンビニで手に入りにくい生魚・生肉は、省きます。
「焼き魚のグリル器、使ったあとどうする?」「食べてすぐ寝落ちしそうだけど、まな板はすぐに洗わなきゃ!?　熱湯をかける!?」など、後処理や注意することが多いと、疲れているときに挑戦する気力がないよね…(お刺身は簡単だし初心者にもいいと思うけど!)。余裕が出てきたらトライしてみよう。

　それでも健康的な素材は近くにある!　野菜も一年中流通していて、栄養価が高めのものをピックアップしました。

🍴 基本の10食材

まずは、これが、あればいい！

（※推奨量は30代女性の値で計算しています。）

たんぱく質（1個約6〜7g）

卵

良質なたんぱく質といわれます。
たんぱく質以外の栄養もよい！　スクランブルエッグなら
小学校の調理実習でやりましたよね!?　そして安い！

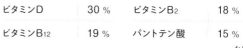

[卵1個で、1日の推奨量に対し
摂取できる主な栄養素の割合]　※可食部50g、Mサイズ、約1個

ビタミンD	30 %	ビタミンB2	18 %
ビタミンB12	19 %	パントテン酸	15 %

など

たんぱく質（1パック約7g）

納豆

発酵食品としてもその機能を発揮。
ビタミンK(骨形成)が多く含まれている。
ミネラル系も多い。そして安い。

[ひきわり納豆1パックで、1日の推奨量に対し
摂取できる主な栄養素の割合]　※可食部50g、約1パック

ビタミンK	310 %	銅	27 %
パントテン酸	54 %	葉酸	23 %

など

たんぱく質（1丁 約15〜20g）

豆腐

疲れたときでも食べやすいたんぱく質。
ミネラル系も摂れる。そのままでも食べられる。
いろんな料理ができる。そして安い。

> 絹ごし豆腐約半丁で、1日の推奨量に対し
> 摂取できる主な栄養素の割合

※可食部150g

銅	32 %	マグネシウム	24 %
ビタミンK	28 %	たんぱく質	15 %

など

たんぱく質（1缶約12g）

ツナ缶

すぐ手に入る。手軽に使えるし、ビタミン類も多い。
まぐろ・かつおが原料。
脳を活性化する魚のDHAも含まれている。

> ツナ水煮缶 1缶で、1日の推奨量に対し
> 摂取できる主な栄養素の割合

※可食部70g

ナイアシン	51 %	たんぱく質	23 %
ビタミンD	42 %	ビタミンB6	16 %
ビタミンB12	32 %		

など

炭水化物

米

炭水化物＝悪、ではありません。
ブドウ糖が脳に届かないと、頭が働きません。
ミネラル類も含んでいます（パックご飯、冷凍でも）。

> ご飯茶碗約1杯で、1日の推奨量に対し
> 摂取できる主な栄養素の割合

※可食部140g

炭水化物	20 %	マンガン	14 %
銅	20 %	亜鉛	12 %

など

炭水化物

パスタ

パスタは糖質吸収が穏やかでgood。ゆでて具材を
あえるだけで豪華な一品になるので、作りやすい&
食べやすく、初心者にもおすすめ。速ゆで用を使えば時短に。

> パスタ 乾麺100gで、1日の推奨量に対し
> 摂取できる主な栄養素の割合

※可食部100g、ゆで
ると変化します

銅	40 %	亜鉛	21 %
炭水化物	28 %	マグネシウム	20 %
たんぱく質	26 %		など

野菜

トマト・ミニトマト

ミニトマトは洗ってヘタを取るだけで生でも食べられる
下ごしらえいらずの野菜。リコピンという抗酸化物質も含み、
熱してオリーブ油をかけるともっと効率的に栄養が摂れる。

> ミニトマト 約3個で、1日の推奨量に対し
> 摂取できる主な栄養素の割合

※可食部50g、生

ビタミンC	16 %	葉酸	7 %
レチノール当量 ※2	7 %	ビタミンE	6 %

※2 ほぼ「ビタミンA」と思ってください

など

野菜

ピーマン

ヘタと種を取っただけで食べられるお手軽野菜。生もOK。
火を通して調味料をかければ立派な一品に。
緑の緑黄色野菜としてビタミンCなども多い。

> ピーマン 約2～3個で、1日の推奨量に対し
> 摂取できる主な栄養素の割合

※可食部100g、生

ビタミンC	76 %	ビタミンK	13 %
ビタミンB6	16 %	ビタミンE	13 %

など

きのこ

しいたけ

野菜とカウントすることも。洗って石づきを切って
火を通せばOKのこちらもお手軽。だしのもとにもなるので、
しいたけが入っているだけで、うまみも出る。

［ しいたけ 約2個で、1日の推奨量に対し
　摂取できる主な栄養素の割合 ］ 可食部30g、生

ビタミンD	12 %	パントテン酸	6 %
ナイアシン	9 %	食物繊維	6 %

など

脂質

オリーブ油

酸化しにくいオレイン酸が多く、生でも加熱でもOK。
ビタミンEも多く、美肌にも期待。
サラダ油ではなくオリーブ油に切り替えるのがおすすめ。

［ オリーブ油 大さじ1で、1日の推奨量に対し
　摂取できる主な栄養素の割合 ］ ※可食部13g

脂質	30 %	ビタミンK	8 %
ビタミンE	12 %		

など

基本の10素材を使ったレシピはP.25から！

POINT

3 味つけは基本、オリーブ油と塩。

〜そして、おおらかな心構え〜

　調味料は少なめにして、なるべく素材の味を生かして食べましょう。そうすると野菜を甘いと感じたりできる、野性の味覚が戻ってきます。

　味がほしいときは、塩少々か、オリーブ油。それから大体の人は持っているしょうゆ、次の段階で、みそ、ポン酢、ケチャップ、マヨネーズ、ギー（バター）、はちみつ、お好みでドレッシングをたまに使う程度で、たいていは事足ります。調味料が複雑だったり、混ぜ合わせて新しい味を作るのは、初心者には心のハードルも高いです。

　材料にしいたけ、トマト、チーズ、キムチなどが入れば自然と「だし」になったり「うまみ」になります。外食では濃い味や面白い複雑な味を食べることも多いでしょうから、家ではなるべく添加物の少ない調味料を使いましょう。素朴な味が体を癒してくれます。また、野菜の切り方など、細かいことはあまり気にしない♪　最低限の「じゃがいもの芽を取る」などの健康に関わることは気にしても、安全に食べられたらOK。見かけに一喜一憂せずに楽しんでいきましょう♪

PART **2**

超初心者さん、いらっしゃい！

基本の10食材で作れる簡単レシピ

RECIPE 01 / トマトスープ豆腐

(切る) (炒める) (ゆでる) (レンジ) (トースター)

豆腐をあったかいトマトスープ風に。
冷奴とはまったく別の食べ物に！

3 min.

——— [材料(1人分)] ———

豆腐 ……………………………… 1/4丁
しいたけ ………………… 1個 (20g)
ミニトマト ……………… 2個 (30g)
またはトマト1/8個 (25g)
オリーブ油 ……………………… 小さじ1
塩 ……………………………………… 少々

——— [摂取できる主な栄養素] ———

銅／ビタミンK／
マグネシウム／たんぱく質
etc.

加熱したトマト＋オリーブ油で
栄養価アップ。

─── [作り方] ───

① 豆腐は好きな大きさに切って耐熱容器に入れる。スプーンですくってもOK。

残った豆腐はタッパーに水を入れて保存

② しいたけは石づきを取り、食べやすい大きさに切る。ミニトマトはヘタを取り半分に切る。トマトならヘタを取ってくし形に切る。①に入れる。

熱を通しやすくする&レンジでの爆発防止でミニトマトは半分に

③ レンジでチン（500W　2分くらい）。ラップはしなくてもOK。しいたけに熱が通り、トマトから水分が出ていい匂いがしてきたら取り出す。

④ オリーブ油と塩をかけてでき上がり！

トマトのくし形の切り方

まず4等分してからヘタを取り、それをまた半分にするとやりやすい。

RECIPE 02 / しいたけと あったか豆腐

切る 炒める ゆでる レンジ トースター

豆腐としいたけをチンするだけ！　和風豆腐が「おかえり」と
言ってくれそうな、あたたかさ。しいたけのだしが利く！

3 min.

——— [材料(1人分)] ———

豆腐 ·································	1/4丁
しいたけ ·····················	1個（20g）
ポン酢 ···························	小さじ1

または しょうゆ 少々

お好みで しらす 少々

——— [摂取できる主な栄養素] ———

銅／ビタミンK／
マグネシウム／たんぱく質
／ビタミンD

etc.

マグネシウムは骨を丈夫に♪

―――――――――――― [作り方] ――――――――――――

① 豆腐を好みの大きさに切り、耐熱容器に入れる。スプーンですくってもOK。

② しいたけは石づきを取り、食べやすい大きさに切る。①に入れる。

ラップは
ふんわりかけて

③ ラップをかけ、レンジでチン（500W 2分くらい）。しいたけに熱が通り、豆腐から湯気が出てきたら取り出す。

④ ポン酢かしょうゆをかけてでき上がり！
加熱後に豆腐から水分が出ていても、しいたけのだしも出ているのでそのまま食べられる。

RECIPE 03 / クリエイティブ豆腐

[切る] [炒める] [ゆでる] [レンジ] [トースター]

豆腐、納豆、好きな野菜を置いて
オリーブ油、塩をかけたら…夏の夕ごはんなどに超満足感!

[材料 (1人分)]

豆腐 …………………… 1/4丁
ミニトマト ………………… 1〜2個
または トマト1/8個(25g)
納豆 ……………………… 1/2パック
オリーブ油 …………… 小さじ1
塩 ……………………………… 少々
お好みで ピーマン 1/4個(20g)

[摂取できる主な栄養素]

ビタミンK／銅／
たんぱく質／
パントテン酸／
マグネシウム
etc.

納豆には骨の形成に関わる
ビタミンKが多い。

3 min.

[作り方]

1　豆腐を好きな大きさに切って器に入れる。

2　納豆、食べやすい大きさに切ったミニトマト(またはトマト)、ピーマン
　　などを置き、オリーブ油と塩をかけて完成!

RECIPE 04

薫る卵豆腐

切る　炒める　ゆでる　レンジ　トースター

ふんわりやさしい食感で、元気の出ない朝などに。
かつお節も、いいだしが出ます。

3 min.

[材料(1人分)]

豆腐 ………………… 1/4丁
卵 …………………… 1個
かつお節 …………… 1g
しょうゆ …………… 少々

[摂取できる主な栄養素]

ビタミンD／
たんぱく質／
ビタミンB12／
ビタミンB2
etc.

卵と豆腐でたんぱく質ゲット。

[作り方]

① 耐熱容器に、豆腐を入れる。

② 溶き卵を入れ、かつお節をかけてレンジでチン (500W 2分くらい)。

③ 卵が固まってきたらOK。しょうゆをかけてどうぞ!

RECIPE 05 / スウィーティー 焼き野菜マリネ

切る ・ 炒める ・ ゆでる ・ レンジ ・ **トースター**

疲れを癒やすお酢味！ 夏にぴったり。
トースターでじっくり焼くと野菜が甘くなる。

7 min.

————— [材料（1人分）] —————

ピーマン ……………… 1個（50g）
トマト ………………… 1/4個（50g）
または ミニトマト 3個
酢 ……………………… 小さじ1/2
オリーブ油 …………… 小さじ1/2
塩 ……………………………… 少々
お好みで しょうゆ 少々

————— [摂取できる主な栄養素] —————

ビタミンC／ビタミンE／ビタミンB6

etc.

ピーマンは加熱しても
ビタミンCが残りやすい珍しい野菜。

─────────────── 〔 作り方 〕 ───────────────

① ピーマンは種を取って4つに切り、トマトはヘタを取りくし形に切る。ミニトマトはヘタを取りそのまま。

アルミホイルの上に置く

② トースターで全体に熱が通るまで加熱する（4〜5分くらい）。

③ 焼けた野菜を皿に盛り、酢、オリーブ油、塩をかける。

その上にしょうゆをかけると、バルサミコ酢のようになるよ

RECIPE 06 /

ピーマンの楽すぎツナ詰め

切る　炒める　ゆでる　レンジ　**トースター**

トースターに入れるだけで、
立派なおかずが完成。冷めてもおいしい！

12 min.

memo　ピーマンは、皮をむかない・切りやすい・栄養豊富のお得野菜♪

―――― [材料(1人分)] ――――

ピーマン ……………… 2個(100g)
ツナ缶 …………………………… 1缶
お好みで しょうゆ、塩 各少々

―― [摂取できる主な栄養素] ――

ビタミンC ／ナイアシン／
ビタミンD ／ビタミンB12 ／
たんぱく質

etc.

ピーマンは皮に栄養が多い。

────────────── [作り方] ──────────────

1 ピーマンを半分に切り、種とワタを
手で取る。

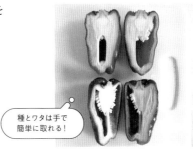

種とワタは手で
簡単に取れる！

2 ピーマンにスプーンでツナを詰め
る。

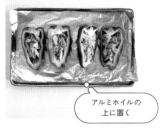

アルミホイルの
上に置く

3 トースターで焼く（10〜13分くら
い）。ピーマンが縮んできて少し焦
げ目がついてきたら焼けているサイ
ン。お好みで、しょうゆや塩をかけ
てどうぞ♪

RECIPE 07

しいたけ マヨUFO焼き

切る （炒める） （ゆでる） （レンジ） トースター

マヨネーズをかけてトースターで焼くだけ！
UFOみたいな見た目もかわいい♪　きのこLovers、マヨラー必見！

12 min.

memo。最後にポン酢をかけても奥深い味。

――――[材料（1～2人分）]――――

しいたけ …………………………… 2～3個
マヨネーズ ………………………… 適量

――――[摂取できる主な栄養素]――――

ビタミンD／ビタミンE／ ビタミンK

etc.

しいたけに含まれるビタミンDは
骨をつくる役目をするよ。

─────────────────── [作り方] ───────────────────

① しいたけは石づきを取る。大きめな
しいたけは、半分などに切る。

② マヨネーズをかける。

アルミホイルの
上に置く

③ トースターで10分ほど焼いてでき
上がり！
マヨネーズの油としいたけの水分で
ぐつぐつ煮立ってきたら、そのまま
しばらく焼く。マヨネーズに焦げ目
がつき、しいたけが縮んできたら焼
けているサイン。

RECIPE 03 / ネバネバ卵焼き

切る 炒める ゆでる レンジ トースター

たんぱく質たっぷり！
これだけでおかずになるボリューム感！

5 min.

———— [材料（1人分）] ————

卵 ……………………………… 1〜2個
納豆 ……………………………… 1パック
オリーブ油 ……………………… 小さじ1
しょうゆ ………………………… 少々
お好みで 砂糖 少々

———— [摂取できる主な栄養素] ————

ビタミンK ／たんぱく質／
ビタミンD ／
ビタミンB12 ／ビタミンB2
etc.

納豆＋卵でWのたんぱく質。

――――――――――――――――――― [作り方] ―――――――

1 納豆にしょうゆか付属のたれを加え、混ぜる。

2 卵は割って混ぜる。1個でもいいし、ボリュームが欲しければ2個。お好みで砂糖を少々加えてもOK。

3 フライパンにオリーブ油をひき、卵を丸く流し入れる（弱火）。半熟になったら、真ん中に納豆を置き、卵で包み込む。半分に折っただけでもOK。
お好みでしょうゆをかけたり、ミニトマトなどを添えて。

納豆は真ん中に
寄せて置く

RECIPE 09 / おいしさ大渋滞 スクランブルエッグ

[切る] [炒める] (ゆでる) (レンジ) (トースター)

ツナと卵はやっぱり合う！
おいしいもの、全部入れました！

5 min.

[材料（1人分）]

卵 ……………………………… 1〜2個
ツナ缶 …………………………… 1缶
しいたけ ………………… 1個（20g）
ミニトマト ………………… 3〜4個
または トマト 1/4個（50g）
オリーブ油 ………………… 小さじ1

[摂取できる主な栄養素]

たんぱく質／ビタミンD／ ビタミンB12／ナイアシン

etc.

卵2個+ツナ缶で 1日に必要な
たんぱく質の 約半分ゲット（大人女子）。

———————————————— [作り方] ————————————————

① しいたけは一口大に切る。ミニトマトはヘタを取りそのまま、トマトはヘタを取り、一口大に切る。

② フライパンにオリーブ油をひき、しいたけを炒める。しんなりしたら、ツナと缶汁少々を入れる。トマトも加えて、塩を少々(分量外)ふって、味をつける。

缶汁にも栄養がある

③ トマトが煮くずれて全体に火が通ったら、フライパンの片側に寄せ、空いた部分に溶き卵を入れる。
卵は半熟くらいでもおいしいので、最後に投入！

卵に火が入りすぎないよう、さっと

④ 箸で卵を混ぜながらスクランブルエッグを作り、他の具材と混ぜ合わせる。

まだまだあります♡ 卵料理いろいろ

RECIPE 10 トマタマヨ 爽やか炒め

隠し味のマヨネーズがいい味出してる。

① フライパンでトマトを炒める。
② トマトに火が通ったら、溶き卵とマヨネーズ少々を入れて混ぜて完成。

RECIPE 11 たまごフィリング

パンとの相性バツグン。
ディップソースとしても使える！

① ゆで卵を作る。
② 皿の中でゆで卵をスプーンでくずしながら、マヨネーズであえると、みんな大好きなたまごフィリング！

バゲットでオープンサンドも！

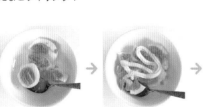

超初心者必見！！

RECIPE 12　ゆで卵

自分で作ってみると、大きな一歩。

❶ 鍋に卵が浸るくらいに水を入れ、中火にかける。

❷ 沸騰してから、半熟は5分、普通ゆでは7分、固ゆでは8分したらお湯を捨て、水に浸して殻をむく。

ゆで卵を使って…

RECIPE 13　ゆで卵カプレーゼ風

料理できる感がする！
お招きにも映える！

❶ 切った豆腐＋ゆで卵＋トマトを並べて、オリーブ油と塩をかけるだけ！
もちろん、買ったゆで卵でもOK。

RECIPE 14

超基本！
オリジナル10パスタ

切る　炒める　ゆでる　レンジ　トースター

基本の10食材でできる、基本のパスタ。
一見、地味だけど（?）、簡単で味わい深い。

10 min.

――― [材料(1人分)] ―――

スパゲティ ……………… 80〜100g
ツナ缶 ……………………………… 1缶
ピーマン ………………… 1個(50g)
しいたけ ………………… 2個(40g)
オリーブ油 ………………… 大さじ1
塩、しょうゆ ……………… 各少々

――― [摂取できる主な栄養素] ―――

ナイアシン／ビタミンD／ビタミンB12／たんぱく質／ビタミンC／炭水化物

etc.

ツナに含まれるナイアシンは
筋肉・皮膚を元気に♪

――――――――――――――――――――――― ［ 作り方 ］ ―――――――――

① スパゲティを袋の表示どおりに、塩（分
　量外）を加えた湯でゆでる。

水1リットルに対し、
塩小さじ1くらい

② スパゲティをゆでている間に、野菜を切
　る。ピーマンはヘタと種を取り、食べやす
　い大きさに切る。しいたけも食べやすい大
　きさに切る。ツナ缶をあけておく。

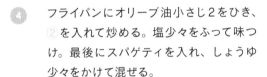

ピーマンは縦に
切ると栄養が残りやすい

③ スパゲティがゆで上がったら、ざるにあ
　げ、湯をきる。オリーブ油を小さじ1かけ
　て、スパゲティがくっつかないようにほぐ
　す。

④ フライパンにオリーブ油小さじ2をひき、
　②を入れて炒める。塩少々をふって味つ
　け。最後にスパゲティを入れ、しょうゆ
　少々をかけて混ぜる。

ホワイトナポリタン
目玉焼きのせ

切る 炒める ゆでる レンジ トースター

たんぱく質も野菜も炭水化物も一皿でゲット。
心も満腹になる逸品!

12
min.

——— [材料(1人分)] ———

スパゲティ ················· 80〜100g
ミニトマト ·························· 4〜5個
または トマト 1/2個(100g)
しいたけ ···················· 1個(20g)
ピーマン ···················· 1個(50g)
卵 ···································· 1個
オリーブ油 ················· 小さじ2
塩、しょうゆ ················· 各少々

——— [摂取できる主な栄養素] ———

たんぱく質／ビタミンD／
ビタミンB12／
ビタミンB2／炭水化物
etc.

骨をつくるのを助けるビタミンDは
油と一緒だと効果的♪

───────────── [作り方] ─────────────

① スパゲティを袋の表示どおりに、塩（分量外）を加えた湯でゆでる。スパゲティがゆで上がったら、ざるにあげ湯をきる。

ミニトマトはヘタを
取りそのまま

② スパゲティをゆでている間に、野菜を切る。ピーマンはヘタと種を取り、食べやすい大きさに。しいたけは、石づきを取り、食べやすい大きさに。

③ 目玉焼きを作る。フライパンにオリーブ油を少量（分量外）ひき、卵を割り入れ、半熟になるまで焼く。器にとる。

④ フライパンにオリーブ油をひき、しいたけ、トマトを入れて炒める。ピーマンを入れ、塩少々をふって味つけ。火が通ったらスパゲティを加え、しょうゆ少々をかけて混ぜる。皿に盛り付けて目玉焼きをのせて完成！

野菜は火の
通りにくい順に

野菜に火が通ったら
スパゲティを投入

RECIPE 16 / ココナッツオイルの トロピカルパスタ

切る　炒める　ゆでる　レンジ　トースター

ココナッツオイルを入れたら…香りがツナとよく合います！
味つけも少なくていいので、減塩にもなります。

10 min.

─── [材料(1人分)] ───

スパゲティ	80〜100g
ツナ缶	1缶
ミニトマト	4〜5個
または トマト 1/2 個 (100g)	
ココナッツオイル	小さじ1
(固体のときは少なめでも)	
塩	少々

─── [摂取できる主な栄養素] ───

たんぱく質／ナイアシン／
ビタミンD／ビタミンB12／
炭水化物
etc.

ツナは記憶力UPなども
期待できるDHAを含む♪

────────── [作り方] ──────────

① スパゲティを袋の表示どおりに、塩（分量外）を加えた湯でゆでる。

ゆで時間−1分で
アルデンテ

② ミニトマトはヘタを取りそのまま、トマトはヘタを取り食べやすい大きさに切る。

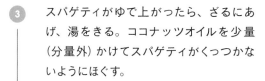

トマトなら食べ
やすい大きさに

③ スパゲティがゆで上がったら、ざるにあげ、湯をきる。ココナッツオイルを少量（分量外）かけてスパゲティがくっつかないようにほぐす。

※ココナッツオイルは室温25℃以下では固形。そのまま入れてOK。

④ フライパンにココナッツオイルをひき、トマトとツナを入れて炒める。塩少々をふり、トマトがくずれてきたら、最後にスパゲティを加えて、混ぜる。

塩はスパゲティを
入れる前に

RECIPE 17 / なっとまパスタ

切る **炒める** **ゆでる** レンジ トースター

ゆでたパスタに納豆そのままONは、もちろんおいしいけど、
トマトを入れた場合、少し炒めることで香ばしくなります。

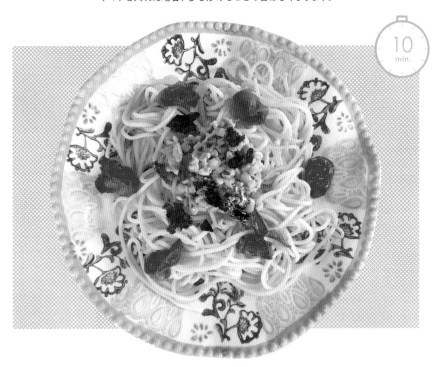

10 min.

---------- [材料(1人分)] ----------

スパゲティ	80〜100g
ミニトマト	3〜4個
またはトマト 1/4個(50g)	
納豆	1パック
オリーブ油	小さじ2
塩、しょうゆ	各少々

---------- [摂取できる主な栄養素] ----------

ビタミンK／たんぱく質／
銅／パントテン酸／
炭水化物／葉酸
etc.

納豆のパントテン酸は
ストレスを和らげる♪

─────────────── [作り方] ───────────────

❶ スパゲティを袋の表示どおりに、塩
（分量外）を加えた湯でゆでる。ゆ
で上がったら、ざるにあげ湯をき
る。オリーブ油を小さじ1かけて、
スパゲティがくっつかないようにほ
ぐす。

❷ ミニトマトはヘタを取りそのままか、
大きなものは半分に切る。トマトは
ヘタを取り、食べやすい大きさに切
る。

❸ フライパンにオリーブ油をひき、ト
マトを炒める。トマトからぐつぐつ
水分が出てきたら、塩少々をふり、
スパゲティを加えて、炒める。トマ
トとスパゲティが絡まったら皿に盛
り付ける。

しょうゆをひとまわしかける
とさらに香ばしく

❹ 納豆を、しょうゆか付属のたれと混
ぜ合わせ、❸の上にのせて完成！

RECIPE 18

材料これだけ 奇跡のピラフ

切る　炒める　ゆでる　レンジ　トースター

見た目もきれいで栄養しっかり、
お腹いっぱいになる、奇跡的ピラフ（笑）。

7 min.

――――― [材料 (1人分)] ―――――

ご飯	食べる分量
ツナ缶	1缶
卵	1個
ピーマン	1個 (50g)
オリーブ油	小さじ1
塩、しょうゆ	各少々

――――― [摂取できる主な栄養素] ―――――

ナイアシン／ビタミンD／ ビタミンB12／たんぱく質／ ビタミンC／炭水化物

etc.

動物性たんぱく質に含まれる
ビタミンB12は赤血球をつくる。

——————————— [作り方] ———————————

① 残りご飯やパックご飯を温める。

② ピーマンはヘタと種を取り、食べやすい大きさに切る。

③ フライパンにオリーブ油をひき、ピーマンとツナを入れて炒める。塩少々をふって味つけ。ご飯を加えて炒め、最後にしょうゆ少々をふりかけて混ぜる。

④ ③をフライパンの片側に寄せ、溶き卵を流し入れて、スクランブルエッグを作りながら、③と混ぜ合わせる。

卵は半熟くらいで火を止める

RECIPE 19 / 野菜を食べる 超スピードカレー

切る　炒める　煮る　（レンジ）（トースター）

切りやすく、火の通りの早い野菜を使えばスグ！　定番になりそう。
もっと時短したい場合は冷凍野菜にするといい。

13 min.

[材料（約4皿分）]

ご飯	食べる分量
ツナ缶	2缶
ピーマン	3個（150g）
ミニトマト	8〜10個
または トマト 1個（200g）	
しいたけ	3個（60g）
市販のカレールー、水	4皿分に応じた分量
オリーブ油	大さじ1

[摂取できる主な栄養素]

炭水化物／ナイアシン／
ビタミンD／銅
etc.

その他、カレーのスパイスの効果あり。

―――――――――――― [作り方] ――――――――――――

① 火が通りやすい、切りやすいお好みの野菜を切る。今回は、ピーマン、しいたけを少し大きめに切る。ミニトマトはヘタを取りそのまま。トマトは食べやすい大きさに切る。

冷凍野菜使用で
もっと時短も！

② 鍋にオリーブ油をひき、火の通りにくい野菜から入れて炒める（しいたけ→トマト→ピーマン）。ツナは、なるべく塊のまま入れて炒める。

③ 全体がしんなりしたら、カレールーの分量に応じた水を加えて煮込む。野菜のアクが出てきたら、すくって取りのぞく。

アクを取ることで、
素材の臭みを取り除く

④ 火を止めてカレールーを入れ、ルーが溶ければ完成！

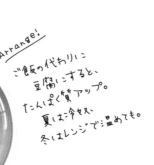

Arrange!
ご飯の代わりに
豆腐にすると、
たんぱく質アップ。
夏は冷やし、
冬はレンジで温めても。

56

「部のお菓子　ほとんど私が　食べてます」

おやっ ＝ お昼ごはん！？

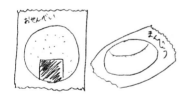

昼13時からの会議の準備で、
お昼こはん食べ損ねた〜！（ちなみに朝も）
準備終わって、あと10分だけ空いている…。
買いに行く時間もない…。
そのとき、お中元・お歳暮で頂いた箱菓子が輝いて見える…!!
おまんじゅうをお昼代わりにして、会議へ。
終わったら疲れて、また食べちゃう。
「こはん代わりのお菓子」、あるよね。
何も食べないよりはいいけど、でもあまり栄養はよくはない…。

隙間時間の栄養補給は、手軽にしたいもの。
普段から、栄養のあるおやつ・軽食を職場に
スタンバイしておくといいですね。

レパートリーぐっと広がる!

食材を足して踏み込むレシピ

58

🍴 おすすめのプラス食材 11

品数を増やしたい、幅を広げたいときは徐々に揃えると便利です。
どれも、手に入りやすい食材です。

（※推奨量は30代女性の値で計算しています。）

発酵食品

キムチ

植物性の乳酸菌を含む発酵食品。代謝にもいい。
このままでもご飯が進むし、
味つけのポイントとしてかなり使えます。

[キムチ 約50gで、1日の推奨量に対し
摂取できる主な栄養素の割合]

ビタミンK	48 %	葉酸	9 %
ビタミンC	12 %	ビタミンB6	9 %

など

たんぱく質（1枚約4〜5g）

チーズ

カルシウムを含み、たんぱく質も摂れる。
そしてどんな食べ物とも合って、おいしくしてくれる
初心者の味方。カゼインフリーをしたい方は省いて。

[プロセスチーズ 約1枚で、1日の推奨量に対し
摂取できる主な栄養素の割合]　　　　　※可食部20g

ビタミンB12	27 %	リン	16 %
カルシウム	21 %	脂質	12 %

など

たんぱく質（1枚約5〜6g）

油揚げ

優秀なたんぱく源。
おみそ汁に入れるももちろん、いろいろな料理に使える。
火の通りも早く、ジューシー。

油揚げ 約半枚で、1日の推奨量に対し 摂取できる主な栄養素の割合 ※可食部30g			
ビタミンK	31 %	カルシウム	15 %
脂質	23 %	マグネシウム	14 %

など

たんぱく質（1本約2〜3g）

ウィンナー

動物性のたんぱく質。
生肉の扱いがわからない初心者たちへ。
みんなが好きな味。添加物が少ないものもあります。

ウィンナー 約1本で、1日の推奨量に対し 摂取できる主な栄養素の割合 ※可食部20g			
脂質	13 %	ナイアシン	6 %
ビタミンB12	9 %	たんぱく質	5 %

など

果物

アボカド

よい油が含まれ、お肌にいいビタミンEがたっぷり。
ボリュームがあってお腹もいっぱいになる。
分類上は果物。生でおいしい。

アボカド 約1個で、1日の推奨量に対し 摂取できる主な栄養素の割合 ※可食部100g、生			
脂質	43 %	銅	34 %
ビタミンE	41 %	パントテン酸	33 %
葉酸	35 %	食物繊維	31 %

など

野菜

きゅうり

暑い夏は、洗って塩をつけて丸かじり、
スティックディップにもよく、ボリボリ野菜を食べられる。
サラダにも使いやすい。

[きゅうり 約1本で、1日の推奨量に対し
摂取できる主な栄養素の割合] ※可食部100g、生

ビタミンK	23 %	銅	14 %
ビタミンC	14 %	葉酸	10 %

など

野菜

レタス

洗ってちぎるだけでサラダの下地ができる。
サニーレタスもおいしい。
簡単に生で野菜が摂れるありがたい存在。

[レタスの葉 約3枚で、1日の推奨量に対し
摂取できる主な栄養素の割合] ※可食部100g、生

ビタミンK	45 %	カリウム	7 %
葉酸	30 %	食物繊維	6 %

など

野菜

にんじん

目によいビタミンAがたくさん含まれている。
ピラフなどの具に。炒めたりして油分と一緒に摂ろう。
みじん切りとかできなくてOK！

[ゆでたにんじん 約半本で、1日の推奨量に対し
摂取できる主な栄養素の割合] ※可食部50g

レチノール当量※2	60 %	ビタミンB6	5 %
食物繊維	9 %		

※2 ほぼビタミンAと思ってください

など

野菜

大根

生か、煮汁と一緒に食べる（みそ汁・スープなど）のが
おすすめ。消化を助ける酵素も入っている。
大根おろしならすぐに野菜のプラス一品になる。

> 大根 約100g（大根おろし1食分くらい）で、
> 1日の推奨量に対し摂取できる主な栄養素の割合
※可食部
100g、生

葉酸	14 %	カリウム	8 %
ビタミンC	11 %	食物繊維	8 %

など

海藻

焼き海苔

貧血対策などによいビタミンB12を含む。
手軽に食べられるのがgood。
ちょっとふりかけて食べるのを習慣にすると栄養アップ。

> 焼き海苔 8切 約1枚で、1日の推奨量に対し
> 摂取できる主な栄養素の割合
※可食部約0.4g

ビタミンB12	9 %	ビタミンK	2 %
葉酸	3 %		

など

野菜

冷凍野菜ミックス

いろいろな野菜が入っている冷凍野菜ミックスは、
下ごしらえいらずで便利。
ネットスーパーでも品揃えが豊富。

あると健康によいものたち

ここからは応用編ですが、さらに栄養のよさを考えたおすすめの材料です。
こちらもコンビニ、珍しいものでもネットショップで手に入るものばかりです。
（アレルギーなどは自分で確認してね）

はちみつ

お菓子をたくさん食べる人は、白砂糖の代わりに、はちみつを。自然な甘みで糖分の摂りすぎを抑えてくれます。

海塩

一般に売られている精製塩と比べ、マグネシウム・カリウムなどのミネラルが豊富なものもあります。

天然だし

みそ汁などを作るときのだしパックは、なるべく添加物の少ないものを選びましょう。原料のかつおや昆布などの栄養も入っています。

ドライフルーツ、ナッツ

プルーンなどはそれだけでお腹も満たされるし、ナッツ類には栄養が豊富です。おやつにどうぞ。

グラスフェッド・ギー

飼料でなくて牧草を食べて育った牛からできたバター。マーガリンは人工的なのでこちらに替えるのがおすすめ。

MCTオイル・ココナッツオイル

直接脂肪に蓄えられにくく、エネルギーになりやすい油です。とはいえ、ココナッツオイルは食べすぎはNG。

えごま油、アマニ油

日本人が食事で摂取しにくい「オメガ3」という種類の油（脳の活性化などさまざまに期待されている）。加熱はできないので、飲み物やサラダにかけて。

玄米、五穀米、雑穀米

白米に加えるだけでいいタイプや、無洗米の玄米もあります。ミネラルなどの栄養素が豊富です。

RECIPE 20 / 超パワフルサラダ

切る 〔炒める〕 〔ゆでる〕 〔レンジ〕 〔トースター〕

野菜に何でものせて、
たんぱく質も同時に摂れる効率のいいサラダ！

3 min.

——— [材料 (1人分)] ———

好きな野菜 ·················· 50〜100g
好きなたんぱく質 ····················· 適量
お好みでナッツ、海藻など ······· 適量
オリーブ油・塩・ドレッシング
···································· 各適量

——— [摂取できる主な栄養素] ———

たんぱく質／
ビタミンC／葉酸
etc..

生野菜は、熱に弱いビタミンCも
そのまま摂れる。
（美肌などにいいよ）

─────────── [作り方] ───────────

1 お好みの野菜を洗って器に盛る。

例）レタス、キャベツは洗ってちぎる。きゅうりは洗って食べやすい大きさに切る。ミニトマトは洗うだけ。

彩りよく盛り付け♪

2 ちくわ、笹かまぼこ、ツナ、ささ身、豆腐、水煮の煮豆、チーズ、ゆで卵など、たんぱく質のものも加える。

❖ゆで卵の作り方は43ページを見てね。

3 オリーブ油と塩、またはお好みのドレッシングをかけてどうぞ♪

＼＼ おすすめ **たんぱく質** 食材紹介 ／／

たんぱく質を摂れるサラダにぴったりの食材たちを紹介。

豆腐
ごま系ドレッシングと相性◎。

ちくわ・笹かま
ほどよく塩味がついていて食感も楽しい。

ゆで卵
王道中の王道にして不動のセンター。

ツナ缶・ささ身缶
汁けをきって入れよう。

水煮の煮豆
大豆は女性にうれしい成分あり。

etc.

野菜 レタス、きゅうり
＋
たんぱく質 笹かま

with オリーブ油、梅干し

梅干しでさっぱり！

野菜 アボカド、ミニトマト
＋
たんぱく質 ゆで卵

with マヨネーズ

料理上手な
気分になる

組み合わせ無限大 サラダのバリエーション

アイデア次第でいろんなパワフルサラダができます！
楽しく挑戦してみてくださいね！

野菜 きゅうり、ミニトマト
＋
たんぱく質 ちくわ、チーズ

with オリーブ油

まるっこくて
かわいい♪

野菜 レタス、わかめ
＋
たんぱく質 豆腐、煮豆

with ごまドレッシング

和風の
おかずとも合う！

COLUMN 1

下ごしらえのいる、いらない
野菜＆果物

　野菜には、アクを抜いたりなどの下処理が必要なものもあります。一方、洗えばそのまま食べられる便利なものもあります。初心者でも扱いやすいものから、下処理のいるものまでリストアップしてみましたので、まずは簡単なものから食べてみてくださいね。

LEVEL 0　洗うだけ、むくだけ

ミニトマト、レタス、いちご、みかん、バナナ、ブルーベリー、ぶどう、さくらんぼ、ドライフルーツ（これはそのまま）など

LEVEL 1　洗って、切るだけ（皮をむくものもあり）

トマト、きゅうり、キャベツ、アボカド、大根、ピーマン、にんじん、パプリカ、りんご（皮も食べられます）、キウイ、オレンジ、スイカ、メロン、柿、桃など多くの果物 など
※生で食べられるものは、ビタミンCなどの栄養分を熱で壊さずに食べられるので（特に果物）、よいですね！　ピーマンなどは熱を加えてもビタミンは減りにくいです。

LEVEL 2　洗って、一般的に加熱が必要（かたいもの、きのこ類など）

ほうれん草、もやし、しいたけ、アスパラ、さつまいも、オクラ、ブロッコリー、枝豆、ズッキーニ、玉ねぎ など
※加熱すると、かさが少なくなりたくさん食べられるのが利点。油などとの組み合わせで栄養分がアップするものもあります。

LEVEL 3　下処理が必要

なす・れんこん…切ってから5〜10分水に浸してアクを取る
じゃがいも…皮と芽を取り除き、切ってから5〜10分水に浸してアクとデンプンを出す　など
※慣れてきたら使ってみよう

RECIPE
21 / ナトリウム・キュウリ

切る 炒める ゆでる レンジ トースター

暑い夏はこれがあると塩分補給になります。
やみつきのおつまみ。サラダ代わりやおやつにも！

3 min.

memo さっぱりしていてチャーハンやピラフの付け合わせにも合う♪

—— [材料(1人分)] ——

きゅうり …… 1〜2本 (100〜200g)
しそ (あれば) ……………………… 2枚
塩 ……………………………………… 適量

—— [摂取できる主な栄養素] ——

ビタミンK ／
銅／葉酸／
カリウム／ビタミンC
etc.

カリウムは体のむくみをとる効果あり。

─────── [作り方] ───────

① きゅうりは端の部分を取って、食べやすい大きさに切る。

② あれば、しそを細かく切る。またはちぎる。

しそがあると
さっぱりしておいしい

③ 1 2 を皿に盛り、塩を適量かけて混ぜる。

塩は少しずつ足していけば
濃くなりすぎない

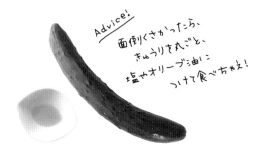

Advice!
面倒くさかったら、
きゅうりを丸ごと、
塩やオリーブ油に
つけて食べちゃえ!

RECIPE 22

モテうま♪ 野菜スティック

切る 炒める ゆでる レンジ トースター

野菜を切るだけ！　カラフルで気分もアガる！
おもてなしにもかわいい！

5 min.

───── [材料（1人分）] ─────

好きな生野菜
（きゅうり、にんじん、大根など）
································· 50～100gくらい
オリーブ油 ···················· 小さじ1
塩 ··························· 少々
お好みのドレッシング ·········· 少々

───── [摂取できる主な栄養素] ─────

ビタミンA ／葉酸／ ビタミンC ／ビタミンK ／ カリウム

etc.

にんじんは油と一緒に
食べると効率的♪

※きゅうり、にんじん、大根を使用したとき

─────── [作り方] ───────

1 お好みの野菜をスティック状に切る。

例）にんじんと大根は皮をむく。にんじんときゅうりは縦半分に切ってから、大根は7cmくらいの幅の輪切りにしてからスティック状にする。

2 ソースを小皿に盛る。
・ごまドレッシング
・オリーブ油に塩を入れたもの
・マヨネーズににんにくチューブを混ぜたものなど

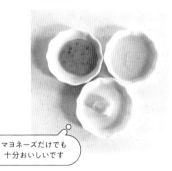

> マヨネーズだけでも
> 十分おいしいです

他にもあります！ おすすめ ソース

レモン汁
箸休め＋夏にもってこい。

ごまドレッシング
にんじん、大根と相性◎。

オリーブ油＋塩
本書定番にして
飽きない味。

**マヨネーズ
＋にんにくチューブ**
スペインの
「アリオリソース」風になる。

卵フィリング
ボリュームがあって
ごちそう感アップ！
（作り方は42ページ）

RECIPE 23 / 鼻歌バンバンジー

切る 炒める ゆでる レンジ トースター

ささ身缶ときゅうりを、簡単な材料であえるだけ！
運動した後の栄養補給にもおすすめ。

3 min

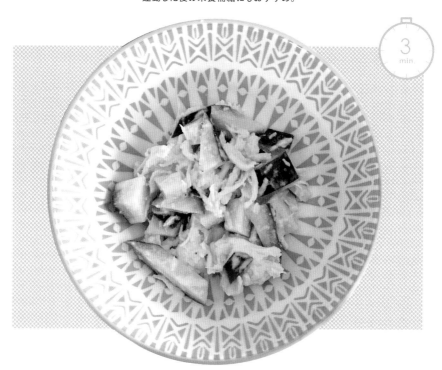

──── [材料(1人分)] ────

ささ身缶 ……………………………… 1缶
きゅうり ……………………… 1/3本(35g)
マヨネーズ ……………………………… 適量
すりゴマ ……………………………… 少々
または ごまドレッシング 適量
お好みで しょうゆ、ごま油 少々

──── [摂取できる主な栄養素] ────

ナイアシン／パントテン酸／ビタミンB6／たんぱく質／ビタミンK

etc.

ささ身に含まれるパントテン酸で
代謝アップ♪

────────────── [作り方] ──────────────

① 器に、水けをきったささ身を入れ、
　細かく切ったきゅうりを入れる。

きゅうりはせん切りが
できなくてもOK！

② マヨネーズをたっぷりかけ、すりゴ
　マをかける。

ごまドレッシングでも
王道でgood

③ あえて完成！　きゅうりから出る水
　分をよけつつ、別の器に盛り付け
　る。

しょうゆやごま油を
入れても香ばしくなるよ

RECIPE 24

心ほぐれる 具だくさんみそ汁

(切る) (炒める) (煮る) (レンジ) (トースター)

みそ汁やスープは、野菜の栄養エキスが汁に溶け出し、効率のよい食べ方！
野菜を何でも入れて「スーパースープ」にしちゃおう！

7 min.

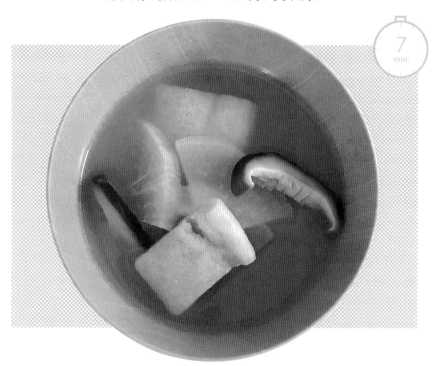

——— [材料（1人分）] ———

好きな野菜 ……………………… 適量
たんぱく質のもの ………………… 適量
（今回は大根100g、しいたけ2個、
油揚げ1/2枚）
みそ ……………… 適量（大さじ1＋α）
だしパック ……………………… 1袋
水 ………… だしパックに応じた分量

——— [摂取できる主な栄養素] ———

ビタミンK ／ 銅／鉄／ マグネシウム

etc.

みそ汁のパワーは書ききれない（笑）。

──────────────── [作り方] ────────────────

① 鍋にだしパックと分量の水を入れ、火にかける。

② だしをとる間に、野菜を切る。大根は皮をむいて食べやすい大きさに切る。大きな円を、まず4等分してから、薄く切るとやりやすい。しいたけは石づきを取り、薄切りに。油揚げは食べやすい大きさに切る。

切り方は自由でOK!

③ ①が煮立って2〜3分したら、だしパックを取り出し、火の通りにくい野菜から入れて煮る。大根はかたいので、先に入れる。

④ 野菜がやわらかくなったら油揚げを加えて火を止め、みそをこして入れる。みそは最初は少なく入れて、徐々に足すと濃くなりすぎない。

みそを入れた後は沸騰させない

朝ごはん緊急用!
30秒みそ汁

みそパウダー(無添加を選ぼう)が
あれば、お湯が沸けばすぐに飲め
る! 豆腐をスプーンですくって入
れれば、30秒で朝ごはん。

私のおすすめは、砂糖や余分な調
味料を使っていない、マルコメの
「オーガニックみそパウダー」。

パウダーと豆腐を入れてお湯を注ぐだけ

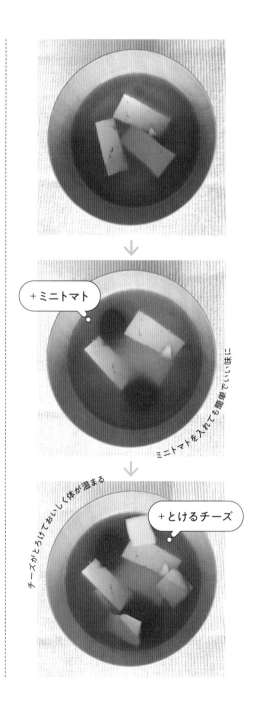

+ミニトマト

ミニトマトを入れても簡単でいい味に

チーズがとろけておいしく体が温まる

+とけるチーズ

COLUMN 2

忙しい人の食器洗いについて

　食器洗いが苦にならない人？ あなたがそうならいいんですけど、私なんかは本当に食器洗いが苦手で…。

　疲れて帰ってきてようやく作って食べて一服してテレビとか見たこの満たされた後に、また疲れなければならないのか!?　という恐怖の食器洗い。私はそれも一因で、仕事から帰ってごはんを作るのを避けていたこともありました。

　でも、ちょっと高いし置き場所も結構取るけど、食器洗い機は、今更ですが、最高です。ご飯粒とかが取れないという人もいるけれど、他のが洗えていた

ら、手間が８割くらいカットされると思います！　食べて、テレビ見て、食器は少し水ですすいで、そのまま食洗機に突っ込んで、寝ちゃいましょう。満腹の本能に従って。取れない汚れは、それから考えるくらいの気持ちで。だって一日頑張ってきたんですから。今は、手軽に設置できる、蛇口の工事がいらない食洗機もありますね。

　または、食べるためなら、かわいい紙皿とか紙コップとかでもいいと思うんですよね。あとはワンプレートだけの食器にするとか。お皿の上にクッキングシートを敷くのもアリ！

　煩わしいことを考えて健康なものを食べるのをやめちゃうと、本末転倒。まずは簡単な料理を簡単に食べて、日ごろの疲れをちゃんと癒してくださいね!!

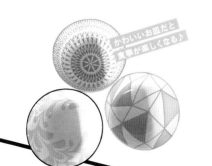

かわいいお皿だと♪
食事が楽しくなる♪

RECIPE 25 / キザなピザ豆腐

切る 炒める ゆでる レンジ トースター

豆腐にチーズをのせて、レンジで温めるだけで、幸せイチコロ☆
冷凍野菜以外にも、好きな具で試してみて！

3 min.

―――――― [材料(1人分)] ――――――

豆腐 ………………………………… 1/4丁
冷凍野菜ミックス ………………… 適量
とけるチーズ ……………………… 1枚
オリーブ油 ………………………… 小さじ1
塩 …………………………………… 少々

―――― [摂取できる主な栄養素] ――――

銅／ビタミンK ／
ビタミンB12 ／
マグネシウム／
たんぱく質／カルシウム
etc.

カルシウムは筋肉も動かしてる！

——————— [作り方] ———————

1 冷凍野菜ミックス適量に水をかけて、室温に戻す。

☀100g以下の冷凍野菜だけをレンジで解凍すると火花が散ることがあるので避けよう。

野菜をオン！

2 耐熱容器に入れた豆腐の上に、水けをきった冷凍野菜ミックスと、とけるチーズ1枚をのせる。

とける
チーズをオン！

3 ふんわりラップをしてレンジでチン（500W 1分20〜40秒くらい）。チーズが溶け、豆腐が温まったら取り出す。オリーブ油と塩をかけて完成！

RECIPE 26

クリエイティブ豆腐 パート2

切る 炒める ゆでる レンジ トースター

豆腐は真っ白いキャンバス！ 上に何をのせるかで何にでもなれます！
温まりたいときは、チーズ＋キムチで体ホカホカ。

[材料(1人分)]

豆腐 ………………………… 1/4丁
とけるチーズ ………………… 1枚
キムチ ……………………… 適量

[摂取できる主な栄養素]

ビタミンK／銅／
マグネシウム／
ビタミンB$_{12}$／
カルシウム／
たんぱく質
etc.

キムチの唐辛子で代謝もアップ。

2 min.

memo。 豆腐はあなた色に染まります。

[作り方]

① 耐熱容器に豆腐を入れ、チーズをのせてレンジでチン (500W 40秒
〜1分くらい)。チーズが溶けて豆腐が温まったら取り出す。

② キムチをのせてどうぞ！

RECIPE 27 / クリエイティブ豆腐 無限大！

(**切る**)(炒める)(ゆでる)(レンジ)(トースター)

豆腐の上に、あるもの何でものせてオリーブ油、
塩をかければ豪華なおかずに！

[材料 (1人分)]

豆腐 ……………………… 1/4丁
好きな野菜、海藻など …… 適量
オリーブ油 ………… 小さじ1〜2
塩 ………………………… 少々

[摂取できる主な栄養素]

銅／ビタミンK／ マグネシウム／ たんぱく質
etc.

豆腐に含まれる
マグネシウムは骨を丈夫に♪

3 min.

[作り方]

1 器に豆腐、野菜などを入れて、オリーブ油と塩、またはドレッシングをかけて完成！

RECIPE 28 / ラ・パレット・オムレツ

切る　炒める　ゆでる　レンジ　トースター

具だくさん卵焼き!!　色とりどりの野菜を入れたら
見栄えも華やか。まるでパレット!

5 min.

——— [材料(1人分)] ———

卵 ……………………………… 2個
好きな野菜 ………………… 50g
（にんじん、しいたけなど）
または 冷凍野菜ミックス
お好みでウィンナー ……… 3本
とけるチーズ ………………… 1枚
オリーブ油 …………… 小さじ1〜2

——— [摂取できる主な栄養素] ———

ビタミンD／ビタミンB12／
ビタミンB2／
パントテン酸／たんぱく質
使用する野菜の栄養
etc.

卵のビタミンDは
油と一緒に摂ると効率的♪

———————————————— [作り方] ————————————————

① フライパンにオリーブ油をひき、小さめに切った野菜と具材を炒める。

冷凍野菜ミックスを
使うと効率アップ

② 野菜に火が通ったら、溶き卵をその上に流し入れる。チーズもちぎって入れる。

③ 片面がよく焼けたら、フライ返しで裏返して両面を焼く。小さいフライパンのほうがやりやすいです。（がんばって！）

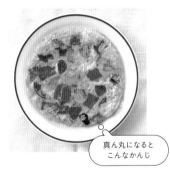

真ん丸になると
こんなかんじ

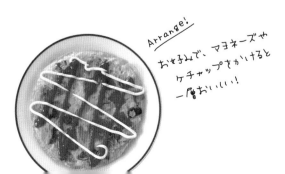

Arrange!
おこのみで、マヨネーズや
ケチャップをかけると
一層おいしい！

RECIPE 29

簡単! ラタトゥイユ風

切る 炒める ゆでる レンジ トースター

冷凍野菜にトマトを加えて、本格風♪　夏野菜が
トロトロになって食べやすい！　目玉焼きのせがおすすめです。

5 min.

───── [材料(1人分)] ─────

ピーマン・なす・ズッキーニなどの
冷凍野菜 .... 50〜100g
トマト ..... 1/4〜1/2 個 (50〜100g)
またはミニトマト5個
卵 1個
オリーブ油 小さじ1
塩 .... 少々

───── [摂取できる主な栄養素] ─────

ビタミンK ／ ビタミンC ／ カリウム ／ たんぱく質

etc.

カラフルな野菜は
見た目も栄養もうれしい♪

※なす、ピーマン、ズッキーニの冷凍野菜を使用したとき

―――――――――――――――――――――――――― [作り方] ――――――――――――――――

1　生のトマトは食べやすい大きさに切る。ミ
　ニトマトは半分に。

冷凍グリル野菜に
入っている場合は不要

2　なす、ピーマンなどの冷凍野菜をオリーブ
　油で炒める。
　❖オリーブ油ににんにくチューブを加えるとさらに風
　味が出る。

冷凍野菜を炒めるとき
は油はねに注意

3　トマトを入れ、炒める。トマトから水分が
　出て他の野菜にも絡まったら、塩少々を
　ふって混ぜる。ひと煮立ちさせて、とろけ
　るようになったら完成。

4　添えに目玉焼きがあると、相性バツグ
　ン！

5　皿に盛り付けて4の目玉焼きをのせて完
　成！

Arrange!
「ラタトゥイユ丼」として
半熟目玉焼きを
くずしながら食べるのも美味！

RECIPE 30

温野菜の彼女グラタン

(切る) (炒める) (ゆでる) (レンジ) (トースター)

レンジ2回のみで簡単お手軽に。
ほっとする、素朴なミニチーズグラタン完成♪

5 min.

——— [材料(1人分)] ———

冷凍野菜 ························· 100g前後
とけるチーズ ························· 2枚
オリーブ油 ························· 小さじ1/2
塩 ································· 少々
お好みで しょうゆ 少々

——— [摂取できる主な栄養素] ———

ビタミンB12／カルシウム／
リン／ビタミンK／
ビタミンC／葉酸
etc.

カルシウムでも気持ちほっこり♪

※ブロッコリー、カリフラワー、
にんじんの冷凍野菜を使用したとき

──────────── [作り方] ────────────

① 冷凍野菜を耐熱容器に入れる。袋
　 の表示どおり加熱して解凍する。

② 解凍できたら、とけるチーズを2枚
　 のせる。

③ ふんわりラップをしてレンジの温め
　 ボタンで再度加熱し、チーズが溶け
　 たら取り出す。

熱くなりすぎ注意

④ その上にオリーブ油、塩、お好みで
　 しょうゆをかける。

Arrange!
上にゆで卵をのせたり
などいろいろ
アレンジおいしい。

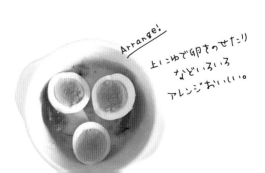

RECIPE 31 ／ レンジだけでできる 癒しドリア

切る 炒める ゆでる レンジ トースター

レンジだけで、ドリアもできる！
意外に夏でもおいしい（冷房で冷えた体に）。

6 min.

――――― [材料(1人分)] ―――――

ご飯	茶碗1杯
ミニトマト	3個
ピーマン	1/2個
ウィンナー	2〜3本
とけるチーズ	2枚
牛乳または無調整豆乳	大さじ2
オリーブ油	小さじ1
塩	少々

――――― [摂取できる主な栄養素] ―――――

ビタミンB12／脂質／ カルシウム／リン／ 炭水化物

etc.

ビタミンB12 は赤血球をつくる
→疲れ気味の人にも○。

──────────── [作り方] ────────────

① ご飯を用意する。パックご飯や残り
ご飯はレンジで温めておく。

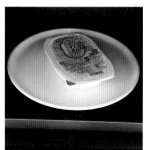

② ご飯を耐熱容器に敷きつめる。そ
の上に、牛乳か無調整豆乳をまわ
しかけ、とけるチーズを1枚のせる。

> レンジでの爆発を防ぐため
> ミニトマトとウィンナーは半分に

③ ②の上に、一口大に切ったピーマ
ン、ウィンナー、半分に切ったミニ
トマトをのせ、一番上にとけるチー
ズを1枚のせる。

④ ラップをせずにレンジでチン(500W
2分くらい)。チーズが溶けていい匂
いがしてきたらOK。
オリーブ油と塩をかけて完成!

豆腐の甘辛パワフル炒め

切る 炒める ゆでる レンジ トースター

キムチの辛さを、油揚げの甘さが中和して食欲無限ループ！
寒い冬や、元気の出ない夏などに！

10
min.

——— [材料(1人分)] ———

豆腐	1/2丁
油揚げ	1/2枚
にんじん	1/4本 (25g)
しいたけ	1個 (20g)
キムチ	適量
オリーブ油	小さじ2

——— [摂取できる主な栄養素] ———

ビタミンK／銅／
マグネシウム／ビタミンA／
カルシウム／たんぱく質／脂質
etc.

油揚げには意外と
カルシウムがふくまれている。

─────── [作り方] ───────

① 豆腐は1/2丁を5等分など、少し大きめに切る。にんじんは火が通りにくいので小さめに。しいたけは石づきを取り、薄切りに。油揚げは食べやすい大きさに切る。

② フライパンにオリーブ油をひき、先ににんじんから入れる。火が通ったら、しいたけ、油揚げを加えて炒める。

火が通りづらい
にんじんから

③ 豆腐を入れ、最後にお好きな量のキムチを加えて、さっくり混ぜて炒める。豆腐に火が通ったら完成。

キムチは少し多めがおすすめ！

豆腐がくずれないよう
ゆっくり炒める

とろける 納豆アボカド丼

切る 炒める ゆでる レンジ トースター

栄養たっぷりのアボカドと納豆の黄金コンビ！
お好みで海苔やキムチをのせて。

5 min.

memo アボカドの切り方を覚えると、料理のバリエーションが広がる。

──── [材料(1人分)] ────

アボカド	1/2 個 (50g)
納豆	1パック
ご飯	茶碗1杯半

お好みで キムチ、焼き海苔
しょうゆ・しょうゆ系ドレッシング
.... 各少々

──── [摂取できる主な栄養素] ────

ビタミンK ／
パントテン酸／銅／
葉酸／食物繊維／炭水化物／
ビタミンE ／たんぱく質
etc.

アボカドは女子が喜ぶ成分たくさん。

――――――――――― [作り方] ―――――――――――

① 納豆に、付属のたれを入れ、混ぜる。

② アボカドを切る。またはスプーンですくっ
て一口大にする。

スプーンで
すくってもOK

③ ご飯の上に①と②をのせる。お好みで焼
き海苔やキムチをのせて。アボカドには、
しょうゆか、しょうゆ系ドレッシングをかけ
るとおいしい。

＼＼ アボカドの切り方 ／／

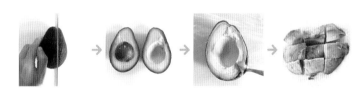

① 縦に一周、種に届くよう包丁の切り込みを入れ、両手でひねって半分に割る。

② 種をスプーンで取り除き、果肉をスプーンですくって取り出し、食べやすい大きさ
に切る。このとき、ラップの上で切るとまな板が汚れない。

RECIPE 34 / 納豆しらすパワー丼

切る 炒める ゆでる レンジ トースター

ご飯＋納豆＋しらす＝相性抜群！
海苔で栄養もアップ！　しらすは冷凍保存できます。

2 min.

[材料 (1人分)]

ご飯 ……………… 茶碗1杯半
納豆 ……………… 1パック
しらす ………… 大さじ2〜3
お好みで 焼き海苔 少々

[摂取できる主な栄養素]

ビタミンK ／
ビタミンD ／
パントテン酸／銅／
たんぱく質／炭水化物
etc.

しらすには骨を強くする
ビタミンDが豊富。

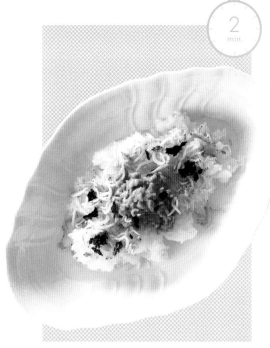

[作り方]

① 納豆に、付属のたれを入れ、混ぜる。

② 器に盛ったご飯の上に、①としらす、お好みで焼き海苔をのせる。

COLUMN 3

もっと便利に！
おすすめアイテム紹介

「ゼロレシピ」を研究中、もともと面倒くさがりの私が、本当に使える！　と思ったアイテム3つを　紹介します！　もっともっと、健康的にラクしましょう！

PICK UP **1**

目玉焼き用フライパン（100円ショップ）

目玉焼き用の小さなフライパン。大きなフライパンでは白身が流れて形が丸くなりにくいですが、これなら初心者でも失敗知らず！　きれいな円の目玉焼きができて、見た目もうれしい。100円ショップなどで売っています！

PICK UP **2**

「菜園風グリル野菜のミックス」（カゴメ）

冷凍野菜ミックスの中でも使いやすい！　グリルして冷凍している、ピーマン、なすなどの夏野菜。これだけ多くを刻むのは時間がかかるので、かなりの時短になります。今のところ、ネット販売でしか見たことないのがちょっと残念。

PICK UP **3**

クッキングシート

まな板の上に、クッキングシートを敷くと、あまりまな板が汚れません。野菜を切るくらいだったら、その下のまな板は、サッと洗うだけでいいときも。これは楽チンです。ただ、滑りやすいこともあるので、かたい野菜のときは気をつけて！

RECIPE
35

ビタミンE！
美肌の味方パスタ

切る　炒める　ゆでる　レンジ　トースター

アボカド＆ツナは、夫婦漫才のような息の合ったコンビ。
トマトがやさしくまとめるマネージャー。

12 min.

———— [材料（1人分）] ————

スパゲティ ………………	80〜100g
ツナ缶 ………………………	1缶
アボカド …………………	1/2個（50g）
ミニトマト …………………	4〜5個
または トマト 1/4個（50g）	
オリーブ油 ………………	小さじ2
塩 ……………………………	少々

———— [摂取できる主な栄養素] ————

ビタミンE ／ナイアシン／
ビタミンD／銅／脂質／ビタミンB₁₂
たんぱく質 ／炭水化物
etc.

アボカド、オリーブ油に
ビタミンEがたっぷり。
ビタミンEの抗酸化作用で細胞も若く♪

─────────────── [作り方] ───────────────

1　スパゲティを袋の表示どおりに、塩（分量外）を加えた湯でゆでる。

アボカドの切り方は93ページへ

2　ミニトマトは水分を出しやすくするため、半分に切る。トマトとアボカドは食べやすい大きさに切る。アボカドはやわらかければ、スプーンですくってもOK。

3　スパゲティがゆで上がったら、ざるにあげ湯をきる。オリーブ油を小さじ1かけ、スパゲティがくっつかないようにほぐす。

4　フライパンにオリーブ油小さじ1をひき、トマト、ツナを入れ、トマトの水分が飛ぶまでよく炒める（トマトの水分が、アボカドと混ざると少し臭みが出てしまうのを防ぐ）。塩を少々入れて混ぜ、アボカドを加え、スパゲティを絡ませる。

アボカドはスパゲティを絡ませる直前に投入

Arrange!
牛乳か豆乳（100〜150ml）
＋チーズを入れると
クリーミーになっておいしい♪

RECIPE
36

優しさに包まれる キムチチャーハン

(切る) (炒める) (ゆでる) (レンジ) (トースター)

味つけはキムチだけ！ チーズが溶けてまろやかで相性good！
材料を切らなくていいし、さっと作れる元気の味方！

5 min.

──── [材料 (1人分)] ────

残りご飯 または パックご飯
……………………… 食べる分量
キムチ ……………………………… 適量
プロセスチーズ ……………… 1〜2個
バター (ギー) ……………… 小さじ1/4
またはココナッツオイル 小さじ1
(なければオリーブ油 小さじ2)
卵 ……………………………………… 1個

──── [摂取できる主な栄養素] ────

ビタミンB12 ／ビタミンD ／
銅／カルシウム／ビタミンK ／
たんぱく質／炭水化物
etc.

加熱してもキムチの乳酸菌は効果あり。

──────────── [作り方] ────────────

① フライパンにバター（ギー）またはコ
　コナッツオイルをひく。ご飯を入れ
　（ご飯がかたい場合は一度レンジで
　温める）、塊がなくなるように炒め
　る。

② キムチを適量入れ、混ぜながら炒
　める。最後にチーズをちぎって入れ
　て炒め、チーズが溶けてきたら完
　成！

キムチの量は好きな
辛さに合わせて

③ お好みで目玉焼きをのせて。添えに
　レタスなどがあると箸休めに♪

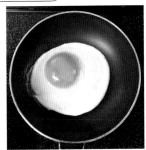

同じ材料で作る、レンジだけの簡単アレンジを次ページで紹介！

ご飯 ＋ 卵 ＋ キムチ

レンジだけでできるバリエーション1

ごま油を垂らしてもおいしい！

ふんわり卵 キムチチャーハン

バリッと焦げ目などをつかせたいときは、
フライパンでね。こちらは、ふわっとした食感。

[材料(1人分)]

残りご飯 または パックご飯 … 食べる分量
卵 ……………………………………… 1個
キムチ ………………………………… 少々
プロセスチーズ …………………… 1〜2個
バター(ギー) ………………… 小さじ1/2
お好みで しょうゆ 少々

[作り方]

1 残りご飯やパックご飯を温める。

2 耐熱容器に入れ、バター(できればギー)、
溶き卵、ちぎったチーズ、キムチを置き、ふ
んわりラップをかけてレンジでチン (500W
2分くらい)。

3 チーズが溶けてきたらレンジから取り出し、
スプーンで混ぜて完成！　お好みでしょう
ゆを少々かけまわす。
卵が半熟でも、混ぜているうちに固まって
食べやすくなります！

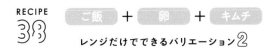

RECIPE 38　ご飯 ＋ 卵 ＋ キムチ
レンジだけでできるバリエーション ②

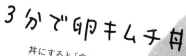

3分で卵キムチ丼

丼にすると「食べた感」が出る！
切らない、味つけ不要の超スピードご飯。

[材料(1人分)]

残りご飯 または パックご飯 … 食べる分量
卵 ……………………………………………… 1個
キムチ ……………………………………… 少々

> 海苔があればのせてみよう♪

[作り方]

① 残りご飯やパックご飯を温める。

② 耐熱容器に卵を溶く。その中にキムチを散らし入れる。

③ ②にふんわりラップをしてレンジでチン（500W　1分〜1分15秒くらい）。卵が半熟〜固まったら取り出す。このままおかずとしても食べられる。

④ ③をご飯にのせて完成！

RECIPE 39 / みんな大好き 恋のオムライス

[切る] (炒める) [ゆでる] [レンジ] [トースター]

ケチャップご飯に卵をのせるだけ!!
得意料理がオムライスってだけで、モテるよね(笑)。

7 min.

—— [材料 (1人分)] ——

ご飯 ……………………… 食べる分量
冷凍野菜や、にんじん、しいたけ、
ウィンナーなど ……………… 適量
卵 ………………………… 1〜2個
バター または ギー ……… 小さじ1
ケチャップ ………………… 適量
お好みで 砂糖 少々

—— [摂取できる主な栄養素] ——

ビタミンD／ビタミンB12／
ビタミンB2／パントテン酸／
たんぱく質／炭水化物
使用する野菜の栄養
etc.

トマトの抗酸化物質リコピンは
ケチャップでも含まれる。

―――――――――――――――[作り方]――――――――――――――――

① フライパンにバター（できればギー）小さじ1/2をひき、温めたご飯、お好みの具や、冷凍野菜ミックスを入れて炒める。

※今回は、ピーマン、なすが入った冷凍野菜ミックスを使っています。

② ケチャップをご飯全体が赤くなるまで入れて混ぜる。

このままケチャップライスとして食べるのもあり

③ ②をお皿に丸く盛る。

④ 卵を溶いて、お好みで砂糖を入れる。バター（ギー）小さじ1/2をひき、フライパンに溶き卵を広げ、7割くらい火が通ったところで火を止め、ケチャップライスの上にのせる。

Advice!
卵が少々失敗しても、
いろいろと盛りつけ
できるので楽しんで!

RECIPE 40

世界一ウマい
たらこパスタ

切る | 炒める | **ゆでる** | レンジ | トースター

たらこのバター風味が食欲をそそります。
パスタと具材をあえるだけの簡単レシピ。

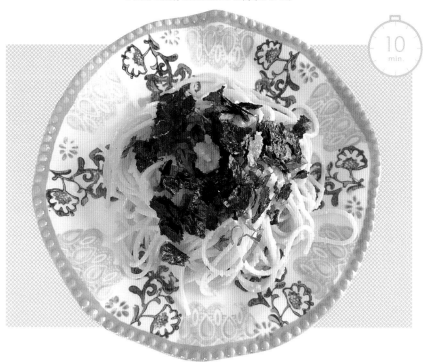

10 min.

memo　パスタは運動後の体力回復にもgood!

——— [材料(1人分)] ———

スパゲティ ………………… 80〜100g
たらこ ……………………………… 1/2腹
お好みで しそ、焼き海苔 適量
バター または ギー ……………… 少々
オリーブ油 ……… 大さじ1と小さじ1

——— [摂取できる主な栄養素] ———

ビタミンB12／ナイアシン／
ビタミンE／たんぱく質／
ビタミンB1／パントテン酸／
脂質／炭水化物
etc

たらこには疲労回復の成分がたくさん！

──────── [作り方] ────────

① スパゲティを袋の表示どおりに、塩
（分量外）を加えた湯でゆでる。

② ボウルにたらこを入れ、スプーンで
皮を取りのぞき、オリーブ油大さじ
1、バター（またはギー）少々を入れ
て混ぜる。あれば、しそは細かく
切っておく。

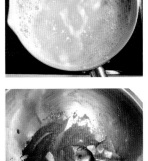

③ スパゲティがゆで上がったら、ざる
にあげ湯をきる。オリーブ油を小さ
じ1かけてスパゲティがくっつかな
いようにほぐす。

④ スパゲティを ② のボウルに入れて、
たらこと混ぜる。お好みで、しそや
焼き海苔をかけて。

RECIPE 47 / 簡単！のせるだけ 納豆キムチパスタ

(切る) (炒める) **ゆでる** (レンジ) (トースター)

パスタをゆでて、納豆とキムチをのせるだけ！
疲れている日の、回復レシピ。

10 min.

memo。 1食80円くらいててきて、お財布にもやさしい！

――――― [材料(1人分)] ―――――

スパゲティ ……………… 80〜100g
納豆 …………………………… 1パック
キムチ ………………………………… 適量
オリーブ油 ………………… 小さじ2
または バターかギー 少々

――― [摂取できる主な栄養素] ―――

ビタミンK ／
たんぱく質／銅／
パントテン酸／炭水化物
etc.

納豆＋キムチで Wの元気食品。

──────────── [作り方] ────────────

① スパゲティを袋の表示どおりに、塩
（分量外）を加えた湯でゆでる。

早ゆで用の細麺が
けっこう合う！

② ゆで上がったらざるにあげ、オリー
ブ油（またはバターかギー）を絡め
る。

③ スパゲティの上に、納豆（付属のた
れと混ぜたもの）、キムチをのせる
だけ！

Arrange!
夏は麺を冷やしても
さっぱりするよ！
わかめトッピングが合う。

ラッキーアイテム
『サラダフィッシュ』を使おう！

　最近、コンビニで売っている「サラダフィッシュ」。一度加熱されていて、保存もきいて、調理に便利。添加物も少ないものもあります。手軽に、たんぱく質と、魚ならではの栄養「DHA」なども摂れるラッキーアイテム！　そのままサラダに入れるもありですし、加熱しても美味！

　そして、ご飯かパスタ、ミニトマト（トマト）、レタス、オリーブ油があれば、なんとなくおかずになってしまう優れものです！

さけとうだら
すけとうだらは、赤血球の生成に働くビタミンB12や骨形成に働くリンを多く含みます。

さば
ビタミンB12、ビタミンDが豊富。そして、記憶力維持や血液サラサラ、中性脂肪低下に役立つDHAを多く含んでいる！（他の魚と比べても多い）

サーモン
骨形成に働くビタミンDと、赤血球の生成に働くビタミンB12がとても豊富！　さけは抗酸化物質のアスタキサンチン（ざっくり言うと体の加齢化の予防）も入っている。

[材料（1人分）]

サラダフィッシュバジル味
.... 1パック
スパゲティ .... 80〜100g
ミニトマト .... 4〜5個
レタス 10ちぎり分くらい
オリーブ油 小さじ2

**バジル味
サラダフィッシュで
しっかりパスタ♪**

サラダフィッシュにすでに洋風の味か
ついているのでパスタにぴったりです。

[作り方]

1　スパゲティを袋の表示どおりに、塩（分量外）を加えた湯でゆでる。

2　フライパンにオリーブ油をひき、サラダフィッシュに火を通し、食べやすい大きさにほぐす。すでにバジル味がついているので味つけ不要！

3　フィッシュに焦げ目が少しついてきたら、トマト、スパゲティ、最後にレタスの順に入れて、レタスがしんなりするまで混ぜて完成！

使うのはコレ！

[材料 (1人分)]

サラダフィッシュバジル味
………………………………… 1パック
ご飯 ………………………… 食べる分量
ミニトマト ………………… 3〜4個
オリーブ油 ………………… 小さじ2
しょうゆ ……………………………… 少々

サラダフィッシュの
エスニックピラフ

バジルの風味でエスニックな味になります。
これだけでお腹いっぱいの一品になりますね。

[作り方]

1. フライパンにオリーブ油をひき、温めたご飯と、ミニトマトを寄せて入れ、空いた部分でサラダフィッシュを焼く。ご飯はやわらかくほぐす。

2. サラダフィッシュの片面が焼けたら、ひっくり返してもう片面を焼く。

3. サラダフィッシュ全体が焼けたら、しょうゆを加えて、ご飯と混ぜる。

みんながHappy♪
アボサーモンサラダ

サラダサーモンと体によい材料を
合わせてオールハッピー！
まろやかでお箸が止まりません。

使うのはコレ！

[材料 (1人分)]

サラダサーモン	1パック
アボカド	1/2個
ミニトマト	4〜5個
プロセスチーズ	2個
オリーブ油	小さじ1〜2
塩	少々

[作り方]

1. アボカドを切る。

2. 深めの皿に、アボカド、一口大にほぐしたサラダサーモン、ミニトマト、食べやすい大きさに切ったチーズを入れる。

3. オリーブ油と塩少々を加えて混ぜれば完成！

焼くだけで
本気のおかず ①
サーモンオリーブ焼き

温かくして食べたい！ とき。オリーブ油で
焼くだけで、メインディッシュになる。
お昼にも、夕飯にも。

使うのはコレ！

[**材料(1人分)**] ─────

サラダサーモン ………… 1パック
ミニトマト …………………… 2〜3個
オリーブ油 ………… 小さじ1〜2
レタス ⋯ 5〜10ちぎり分くらい

[**作り方**] ────────────────

① フライパンにオリーブ油をひき、サーモ
ンとミニトマトを一気に投入して、焼く。
サーモンの片面に火が通ったら、裏返
してもう片面も焼いて完成！

使うのはコレ！

[材料 (1人分)]

サラダフィッシュさば … 1パック
とけるチーズ ……………… 1/2枚
ミニトマト ………………………… 3個
オリーブ油 ………………… 小さじ1
レタス …… 5〜10ちぎり分くらい

焼くだけで
本気のおかず②
サバチーズ焼き

チーズを置いて焼くのもアリ！
臭みが気になるときや、味に変化や
ボリュームをつけたいときに！

[作り方]

1　トッピングにミニトマトソースがある
　と、爽やかな味になるので、ミニトマ
　トを小さく刻んでおく。

2　フライパンにオリーブ油をひき、さば
　の皮がついている片面を焼く。火が
　少し通ってきたら、上面にチーズを置
　き、火を全体的に通す。ひっくり返
　し、チーズがのっている面にも火を通
　し、焦げないところで火を止める。

「初雪や ずっと干してる パンツ舞う」

疲れすぎて、洗濯物を干したまま
取り込む気力もなし。
そのまま寝ていたらいつの間にか
初雪が舞っていて、
ああ、パンツの水玉と粉雪の
素晴らしきコラボレーション！
これも珍百景かな（筆者実話）。

女子の皆さんは、安全のため
下着は室内かお風呂に干しましょうね（笑）。

体にやさしい
おやつ&
朝食のすすめ

休日くらいは、
おやつもやさしく。

RECIPE 42

おとぎ話の
フレンチトースト

`切る` `焼く` `ゆでる` `レンジ` `トースター`

疲れているときに卵の味がやさしい。ライ麦パン、くるみパン、
米粉パンなどを使っても、違う栄養＆食感に。朝ごはんにも、おやつにも。

5 min

[材料(1人分)]

食パン ······························ 1枚
卵 ································· 1個
牛乳 または 無調整豆乳 ····· 大さじ2
バターまたはギー
またはココナッツオイル ········· 少々
お好みで 砂糖 はつみつ アーモンドスライス
少々

[摂取できる主な栄養素]

ビタミンD／たんぱく質／
ビタミンB12／ビタミンB2／
パントテン酸／炭水化物

etc

おやつも卵パワーで代謝アップ♪

───────── [作り方] ─────────

① 器に卵と牛乳、お好みで砂糖少々を入れ
てよくかき混ぜる。

② 食パンを半分に切り、　に浸して2〜3分
おく。菜箸などで穴をあけるようにつつく
と早く卵液がしみ込む。裏面もひっくり返
して卵液をしみ込ませる。

卵液をしっかり
しみ込ませよう

③ バター（できればギー）またはココナッツオ
イルをフライパンにひき、　を両面焼いて
完成！
お好みではちみつやアーモンドスライスを
かけて♪

弱火でやわらかく
仕上げよう！

RECIPE 43 / おうちで焼きいも

焼きいもを簡単におうちで！ 炭水化物の多いイメージですが、
じつはそこまで多くなく、おやつとしても最適です！

[材料 (1人分)]

さつまいも(小〜中) ………… 2本

[摂取できる主な栄養素]

銅／ビタミンB6／
パントテン酸／
ビタミンC／
食物繊維／葉酸
etc.

さつまいもは食物繊維が多く
美腸効果あり。

20
min.

[作り方]

① さつまいもを水で軽く洗って汚れを取る。

② 焼きいもホイルに包んで、トースターで 15 〜 20 分焼く。串で刺して通るようになったら完成！

※時間はいもの大きさによります。大きいときは半分などに切ってから包むと早く焼けます。

memo 時間が経った焼きいもは、フライパンでバターで焼くとスイートポテトみたいでおいしい。

RECITE 44

ヨーグルト
はちみつプルーンのせ

(切る) (炒める) (ゆでる) (レンジ) (トースター)

プルーンは1粒でボリュームがありますし、
常に置いておきたいドライフルーツですね。

[材料(1人分)]

ヨーグルト …………………… 適量
はちみつ …………………… 適量
プルーン …………………… 1個

[摂取できる主な栄養素]

カルシウム／
ビタミンB2／
ビタミンB12／リン
etc.

疲労回復にうれしい成分も。

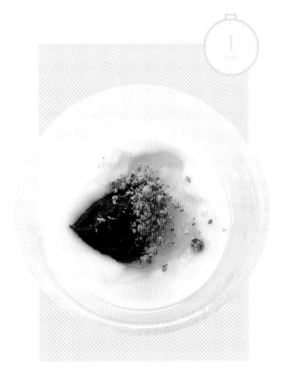

[作り方]

1. ヨーグルトの上に、プルーンとはちみつをかけて完成!
もちろん、バナナ、いちごなど好きな果物を入れてもゴージャス!
お好みで、アーモンドパウダーをかけてもおいしい。

RECIPE
45 / バナナの パンプディング風

(切る)(炒める)(ゆでる)(**レンジ**)(トースター)

パパッと手作り感たっぷりのおやつ!
バナナ＆チーズの甘じょっぱいコンビも最高♪

[材料 (1人分)]

卵 ……………………………… 1個
バナナ ……………………… 1/2本
プロセスチーズ ……………… 1個

[摂取できる主な栄養素]

ビタミンB12／たんぱく質
ビタミンD／カルシウム
etc.

卵＋チーズのビタミンB12で
貧血女子にいいかも。

3
min

[作り方]

1. 耐熱容器に卵を溶き、その中にちぎったバナナとチーズを入れる。

2. レンジでチン (500W 1分〜1分20秒くらい)。卵が固まりかけたら完成♪

memo バナナは紙を加えると、さらに甘くなってトロトロの食感に!

RECIPE 46

ウフ♪ たまごのオートミール

切る　炒める　ゆてる　**レンジ**　トースター

しょっぱい系のおやつ。オートミールは糖質吸収が穏やか。
食べやすくて朝食にもいいですね！

[材料 (1人分)]

オートミール	大さじ3
卵	1個
プロセスチーズ	1個
ミニトマト	1個
オリーブ油	小さじ1
塩	少々

[摂取できる主な栄養素]

ビタミンB12／ビタミンD／ カルシウム／たんぱく質／ ビタミンB2

etc.

オートミールには貧血対策によい
鉄も入っている。

[作り方]

1. オートミールを水に浸し、やわらかくする。ミニトマトはヘタを取り、フォークなどで穴をあける（レンジでの爆発防止）。

2. 耐熱容器に卵を溶き、軽くしぼったオートミールと、ちぎったチーズ、ミニトマトを入れてレンジでチン（500W 1分30秒くらい）。ほどよく固まったら取り出す。オリーブ油、塩をかけて完成。

RECIPE 47 / ミルク（豆乳）はちみつ

(切る)(炒める)(ゆでる)(レンジ)(トースター)

疲れたら、砂糖ではなくて、はちみつ！
牛乳や豆乳に混ぜて飲んだらパワーがわいてきますよ。

[材料 (1人分)]

牛乳 または 豆乳 ……… 200ml
はちみつ ………………… 小さじ1

[摂取できる主な栄養素]

カルシウム／
ビタミンB2／
ビタミンB12／
パントテン酸／リン
etc.

イライラを和らげるカルシウム♪
※牛乳を使用したとき

1
min.

[作り方]

① 牛乳か豆乳を器に入れ、はちみつを加えて混ぜる。

※調製豆乳ははじめから甘くなっているので、はちみつは少なめに。

＼＼ レンジでチン　ホットドリンク ／／

RECIPE 48　豆乳バナナケーキ ドリンク

① バナナ1/2本をカップの中で、スプーンの腹を使ってつぶす（粗くてOK）。
② 豆乳（150〜200ml）を注いで、レンジでチン（500W 1分くらい）。温まったらはちみつを適量入れてかき混ぜて完成。粗いバナナの食感を楽しんで！

ミルクチーズドリンク　RECIPE 49

① ホットミルク（150〜200ml）にとけるチーズを1/2枚分ちぎって入れる。とろ〜り溶けてお腹も満たされます♪ ドライフルーツやナッツが合う♪

RECIPE 50　どろーリ♪ ホットチョコバナナ

① バナナ1/2本をカップの中で、スプーンの腹を使ってつぶす。ダークチョコレートを3片くらいちぎって入れる。
② 牛乳（150〜200ml）を注いで、レンジでチン（500W 1分くらい）。かき混ぜて完成。

🍊 最強そのまんまスイーツ。

　まずは、バナナ、みかん、いちごなど、食べるのが簡単な果物がおすすめ。

　果物には、風邪予防や美肌効果に期待できるビタミンCが多いです。ビタミンCは熱に弱いですが、生のまま食べる果物は、栄養そのまま！　「手で皮をむける、洗っただけで食べられる」簡単な果物は、じつは最強スイーツなのです！　簡単でおいしく、うれしい！

手軽に食べられるこんなおやつも栄養good!

ナッツ・ドライフルーツ

ミックスだといろんな栄養素が摂れる。それぞれ書ききれないけど◎。

カカオ高めのチョコレート

高カカオのチョコレートは、糖質吸収が穏やか。

小魚アーモンド

小魚よし、アーモンドよし。ビタミンB12などが摂れる。塩味補給にも。

バ
ナ
ナ

疲労回復・代謝にもいいビタミンB6多め。

[バナナ 約1本で、1日の推奨量に対し]
摂取できる主な栄養素の割合　　　　※可食部100g

ビタミンB6	32 %	銅	13 %
ビタミンC	16 %	カリウム	13 %

など

い
ち
ご

果物の中でもビタミンC多く、葉酸も摂れる！

[いちご 中約7粒で、1日の推奨量に対し]
摂取できる主な栄養素の割合　　　　※可食部100g

ビタミンC	62 %	食物繊維	8 %
葉酸	38 %	銅	7 %

など

ズボラフルーツ、ビタミンC 最強説。

キ
ウ
イ

半分に切ってスプーンで食べられる。　ビタミンEも多い！

[キウイ 大約1個で、1日の推奨量に対し]
摂取できる主な栄養素の割合　　　　※可食部100g

ビタミンC	69 %	葉酸	15 %
ビタミンE	16 %	食物繊維	15 %
銅	16 %		

など

み
か
ん

冬はみかんのビタミンCで風邪予防。

[みかん 中約2個で、1日の推奨量に対し]
摂取できる主な栄養素の割合　　　　※可食部150g

ビタミンC	50 %	葉酸	14 %
レチノール当量※2	23 %	ビタミンB1	12 %

※2 ほぼビタミンAと思ってください

など

「あ～疲れた！」のときに。
「食前食」のすすめ。

　一日外に出て頑張って、「家によ
うやく辿り着いたはいいけれど、
もう何もできる気がしない…」と
いうときに。でもお風呂に入りた
い、ご飯をパッと作ってみたいけ
ど、何もする元気がないとき。

　そういうときこそ、バナナの出
番です。1本くらい食べてみてくだ
さい。元気が出ます。また、ス
ティック状の健康食品など、パッ
と食べれるものを口に入れると、
動ける元気が出てきます。

　コツは、ソファーなどに座ら
ないこと（笑）。そうしたらもうそ
こで寝てしまうでしょう。玄関に
座り込むはセーフです。床が硬く
て寝れないから（笑）。玄関や台
所で立ってパクッと食べて、エネ
ルギーを速攻補給。アスリート
気分で。給水ならぬ給エネです。
もちろん手洗い・うがいはしてか
らね。

　だから家にいくつか、バナナ
やそういった健康食品のストック
をおすすめします。それか帰宅
するときに買うか。

　家にいて料理を作るときも同
じ。それまで作業などしていたり、
していなくてもお休みモードだと、
簡単料理でさえ作るのに腰が重い
ですよね。でも、「この後ごはんを
食べるからその前は控えよう」と
思いがち。それは我慢しなくてOK
です！　また、本当に疲れている
ときは、鍋を持つ手に力が入らな
かったりなど、危ないことも…。

　なので、そのときはバナナ、は
ちみつヨーグルトなど、「食前食」
を少し食べると、作る元気が出
てきますよ。

　「ごはんの前は食べるの控えな
さい」と子供のとき言われていた
けど、作るときには「食前食」、
いいと思います。

おわりに
————————

　最後まで読んでいただき、ありがとうございました。

　今でも、自分がこれまで苦手だし縁がないと思っていた「料理」の本を出すなんて、驚いています（笑）。

　でも、まったく常識のないところから見た世界だったので、すべてが新鮮で、思いっきり素人の疑問、「面倒くさい」という気持ちに、本当に素直にしたがい続けた結果、初心者の皆さんに少しはお役に立てるものができたかな、できていたらうれしいなと思います。これからも、この素人の気持ちはずっと忘れずにいきたいと思います！

　人生、何が特技になるかわかりません。

　なので、簡単に栄養を摂って元気を出して、少しでも興味のあることには、どんどん挑戦してみてほしいと思います。

　この本が、少しでも、「料理」という重圧感、そして「体によい料理は手間がかかる」という先入観から、あなたを解放する一助となりましたら幸いです。

　最後になりましたが、編集の小保方佳子さんとデザイナーの月足智子さんに大変お世話になりました。心より感謝申し上げます。

EMOKO

東大卒、野菜ソムリエ、簡単健康料理研究家

約10年、好きな仕事でバリバリと働いていたが、食事を疎か
にしてしまい、栄養素不足と多忙で体調をくずす。栄養の大
切さを実感し、料理経験ゼロ、体力ゼロから、それでもでき
る健康料理を独自に作りはじめ、自分を元気にしていく。野
菜ソムリエの資格も取得し、「超初心者でも、疲れていてもでき
る簡単健康料理」をモットーに研究を続ける。普段は会社員。

〈 主要参考文献 〉
「平成30年 国民健康・栄養調査結果の概要」（厚生労働省）
「食品のカロリー　グラムのわかる写真館」
https://www.eiyoukeisan.com/calorie/gramphoto/index_gram.html

デザイン　月足 智子
料理撮影＆イラスト　EMOKO

ゼロレシピ

2020年9月4日　第1版第1刷発行

著者　　　EMOKO

発行者　　株式会社 新泉社
東京都文京区本郷２−５−１２
電話 03(3815)1662
Fax 03(3815)1422

印刷・製本　株式会社 東京印書館

© EMOKO 2020 Printed in Japan
ISBN 978-4-7877-2016-0　C2077